美しく、明るく、強くなる、

女性のために舵をとれ

―2020年のオリンピックをめざし―

水島恭愛 著

雄山閣

刊行に寄せて

作家　近藤富枝

〝恭《たか》ちゃん〟と私は彼のことを呼ぶ。何故なら私たちは従姉弟《いとこ》どうしだから。しかも戦争の一番激しかったころ私たちは一つ屋根の下で暮らしていた。彼は罹災し日本橋小伝馬町の私たちにとっては叔母に当たる富山家に一家で寄宿していた。同じころ私もひとり暮らしが心細くなって富山家に入った。米軍の本土上陸必至といわれた暗い時代に、なぜか富山家に集まった東京残留組である私たちは落ちついていた。それも九歳だったのに年よりも甘えん坊の恭ちゃんのやんちゃぶりが愛らしく、笑い声が絶えなかったためだったと思っている。

私がつとめ先で貰ってきた非常食のかんぱんを進呈すると、なかにまじっている金平糖だけを選りだして

「キレイ。ステキ。」

といってよろこぶ。そんな少年だった。

彼が着付の学院をはじめた時に反発した人が多かったと本文中にあるが、実は私も着付は見習いで覚えるもので、教えられて習うものではないと当時心中で批判していたひとりである。

しかし彼の着付教室は大成功で、私は不明を恥じなければならなかった。そして学院のめざましい発展は、代々のわが水島家で培ってきた経営の才が恭愛氏のなかに伝わり、大きく開花したのを感じた。とはいえ一族でありながら私には全くその才がない。しかし私たち二人には共通するものがない訳ではない。それはきものへの愛情である。

私はきものこそ世界第一の服装だと思っている。西欧と東洋諸国の服装の長所をとり、短所を棄て、さらに日本の風土にあわせて改良を加えた究極の衣服がきものである。

色彩の豊かさと柄行の多様さが、スタイルこそ同じであっても、千人集まれば千種のきもの姿が生まれる。芸術性も豊かで美術品の域に迫るものもある……。着付を普及しきもの姿を永遠にこの世に遺そうと思うことで私たちは同志である。

ことある折に黒の五つ紋のきものと羽織、仙台平の袴姿で登壇する恭愛氏の絹なりの音のよろしさ。この道へのますますの精進を願ってやまないのである。それにしても本書により恭愛氏の事業の全貌を知り、その山の高さに今更驚いている私であることを告白しよう。

美しく、明るく、強くなる

女性のために舵をとれ　目次

第二部　真の国際交流とは何か
―民族衣裳文化普及協会の活動を通じて―

はじめに

一　東京オリンピック二〇二〇年を明るく迎えるために

二〇二〇年、東京で、オリンピックが開催される。この年、世界のまなざしは熱く日本の上に注がれるだろう。

多くの人が、オリンピックを、新たなチャンスととらえている。

それは大きなビジネスのチャンスであるし、また、日本という国全体を世界に向かってプレゼンテーションする絶好の機会でもあるだろう、と。

私も同じように考える。

科学分野、工芸分野における日本の高い技術力。きめ細やかなおもてなしの精神。しっかりと納期を守る真面目な労働文化。安全な暮らしと、清潔な街並み。繊細な味つけの日本料理……日本人が当たり前のこととして日々維持しているこれら多くの事がらに、これまで多くの外国人訪問客が感激をあらわにして来た。二〇二〇年にはさらに巨大な規模でこの賞賛を巻き起こし、世界に日本ファンを増やしていく。それは、二十一世紀全体を通じてこの国の大きな財産となるだろう。

そのために、何をしていかなければならないか——

オリンピックを六年後に控え、いよいよそのことを真剣に考え、実行に移していかなければならない時が来ているだろう。

二　優秀な女性の世紀と「日本の夢、みんなの夢」

また、一方で、昨年（二〇一三年）より日本の舵取りを担う安倍内閣は、「女性の活用」を大きく謳っている。少子高齢化が急速な勢いで進行し、移民受け入れにはなじみにくい日本社会が、今後、五十年、百年と厳しい国際競争の中で生き残っていくためには、女性の持つ潜在能力を活用出来る社会にならなければならない。それは自明のことであり、今後この方針は、どの政党が政権を担うにしても、日本の不変の政策となるはずだ。
では、女性たちの力を最大限に引き出すには、何が必要だろうか。そこにはどんなマインドが求められるのだろうか――

三　優秀な女性の大きな力が発揮される昭和から平成へ、そして次の世紀へ

ハクビ京都きもの学院は今年、創立四十五周年を迎える。創立の年、一九六九（昭和四十四）年には、まだ日本には女性が生涯働けるような職場はほとんどなく、学校を卒業して二、三年腰掛けの仕事を勤めたら、寿退社をして家庭に入る。それ以外の生き方をしようにも、選択肢を見つけられない時代だった。

また一方、この翌年から国鉄の「ディスカバー・ジャパン」キャンペーンが始まり、同時期に相次いで創刊された『ａｎ・ａｎ』『ｎｏｎ‐ｎｏ』誌が、萩や倉敷など日本情緒を残す街並みをめぐる旅を大々的に特集する。若い女性たちは大挙して国内を旅し始め、戦後、アメリカ文化の模倣に忙しかった日本人の心に、ようやく伝統文化を見直

す気運が芽生え始めていたのだった。

そのような環境の中で創立して以来、四十五年。ハクビ京都きもの学院は着付けの技術を分かりやすく一般に普及しただけではなく、着付け師や着付け教師という新たな職業を確立して、女性たちが社会の中で生き生きと働く、その一助となって来た。これは私たちの強く誇りに思うところである。

四　国内から海外へ

また一方、創立三年後から積極的に海外へと飛び出して行き、手弁当の「きものショー」という形で、日本人の美意識や伝統文化を海外の人々に伝える活動に力を入れて来た。この活動はやがて国からも認められ、一九七七（昭和五十二）年には文部省認可の財団法人民族衣裳文化普及協会を設立。その後は文部科学省、文化庁、在外大使館からの依頼を受け、現在までに通算一二〇回、世界七十七ヵ所の都市できものショーを開催している。この経験の中から日本文化を世界の人々に伝え、理解してもらうためには、何が必要なのか、そのノウハウを蓄積して来た。

五　世界に役立つ平和な日本と伝統美

私は今年、七十八歳を迎える。これまでの人生――特に人生の半ばから取り組んで来たハクビ京都きもの学院と民族衣裳文化普及協会の運営を通じて多少なりとも得た知見を、二〇二〇年の東京オリンピック、そしてその先の五十年、百年にわたって、日本が永遠に輝きを放っていくために役立てて頂けたらと願うようになった。そのために、これからこの書を、綴っていきたいと思う。

お伝えしたいのは、大きく二つのことである。

一つは、女性の力を、どのようにすれば最大限に活用出来るのかということ。

もう一つは、世界の国々と真に実のある関係を築くには何が必要かということ。

――この二つのことをめぐり、私が道なき道を試行錯誤しながら切り開いて得た知見を、隠すことなく綴ってみたい。そしてここから皆様に何ごとかを汲み取って頂き、未来への糧として頂けたら――これ以上望むことはないのである。

女性のやさしい力は建築する。武力の力は破壊する。

第一部　女性の力を活かす

―ハクビ京都きもの学院が見つけたもの―

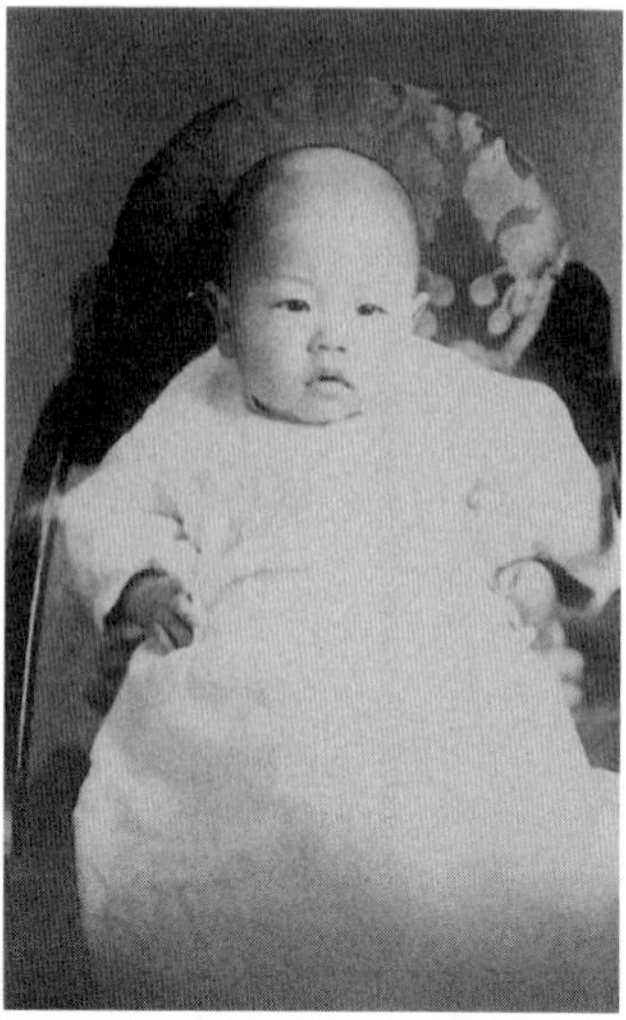

生後間もない著者

敬礼する三歳の著者

第一章　江戸の香りの中に生まれて

ハクビ京都きもの学院創立から今日まで四十五年間、きものを人生の中心に据えて邁進して来た私の人生を振り返る時、その最初の出会いから、まずは筆を起こしてみたいと思う。と言うのも、私ときものとの最初の関わり合いのあり方が、その後の人生全体に大きく影響を及ぼしていると思うからである。

＊　＊　＊

私は、一九三六（昭和十一）年二月十三日、東京日本橋に生まれた。

私の生家は、例えて言えば、産湯につかった時からどっぷりときものにひたり切っているような家で、長じて後、私がきものに関わる仕事をするようになったのも、この、生まれた家からの宿命だったのだと思えば思えなくもない。そのような環境だった。

私の生まれた水島家は、日本橋矢ノ倉町、現在では東日本橋一丁目と呼ばれるところで、手堅く商売を営んでいて、祖父が始めた〝水島袋物店〟は、筥迫や煙草入れ、紙入れなどを商う東京でも指折りの袋物問屋であった。特に筥迫は、明治の末に東京の袋物商によって復活したが、その際に先頭に立って働いたのが祖父であったという。また父は、同じ日本橋の、三越の真向いという一等地中の一等地に〝都とんかつ〟という大流行りのとんかつ店を経営し、日本橋界隈に幾つも地所を持ち、貸家業も営んでいた。

生家の住所を正確に言うと、日本橋矢ノ倉町一丁目一番地。家の敷地内には大きな蔵がいくつかあり、私と二人の兄にそれぞればあやとねえやがついていた。私はそのような、非常に恵まれた家庭に育ったのだ。

＊　＊　＊

そんな我が家の商売は、その祖を江戸時代初期まで遡ることが出来る。一体、水島という苗字は静岡が発祥のようであり、想像するに、徳川家康が駿府から江戸へと移封した際に、一緒に移って来た商人の一人が私の祖先だったのではないか――そのように想

父・梅次郎（左）と水島三一郎（右）

像している。

もちろん、何か確固とした史料がある訳ではないのだが、ただ、当時は大名が移封となると家臣はもちろんのこと、御用をしている商家も一緒に引き移るのはよくあることだったから、私のこの想像もまんざら当たっていなくもないと思うのである。

さて、そんな我が水島家の祖先たちは、代々屋号を〝増見屋三右衛門〟と言った。店は矢ノ倉町ではなくお江戸の中心の中心、日本橋本町にあり、主に金襴、銀襴を扱う呉服商だった。名優九代目市川團十郎の舞台衣裳を扱ったという話も残っている。

その増見屋の十一代目として、明治の代に生まれた長男は水島三一郎と言い、商人より学者を選び、正田家の次女と結婚、東大教授に就任して文化勲章を頂いた。科学に一生を捧げ、その子ども二人も大学教授になった。一方、次男坊だった私の祖父が独立して矢ノ倉町に営んだのが、〝水島袋物店〟であった。この矢ノ倉町は明治座や両国橋にほど近く、江戸時代以来の花街である柳橋にも接している、実に華やかな土地柄だった。

そう、子どもの頃、街を歩いていれば、いつもどこからか三味線の音が聞こえて来た。近所のそこかしこには芸者の置屋もあったし、三越だって走ればすぐであったから、あ

父・梅次郎と母・サハ

の有名なライオンの背中に乗るのが私たちいたずら盛りの子どもたちの楽しい遊びだったのである。

このような、江戸の香りの高く残る土地柄で、祖父は袋物を商っていた他、半衿や帯締めへも新しく手を広げたという。その瀟洒《しょうしゃ》な品物は柳橋などの目の利いた女性たちに深く愛されたと言い、店は繁盛して多くの奉公人を抱えていた。

また、父の代になって新しく始めた〝都とんかつ〟も東京市民に大いに人気を博し、今でも覚えているのは、矢ノ倉町の敷地の外れの小さな小屋では、何と三人の調理人が一日中とんかつに添えるキャベツを刻んでいたのだから、この店がいかに繁盛していたかがお分かり頂けるだろう。

（左から）著者、母、姉淳子、ばあや、母方祖母、叔母夏子、従姉皇子、ねえや（清チャン）、長兄清皓

両国国技館からの帰り、両国橋にて

コラムⅠ

疎開の思い出

太平洋戦争末期、いよいよ東京ではアメリカ軍の空襲の危険性が高まり、私の小学校でも疎開をすることになった。その時、私は九歳。行先は小田原で、兄の学年に混ぜてもらっての集団疎開だった。

もちろん私にとって、それが親元を離れる初めての機会だったが、しかし、いかにも悲壮な決意をうかがわせる少年期のこの旅立ちについて、ここで一つ告白しておかなければならない。実は、まだ幼かった私を親がたいそう心配して、ばあやとねえやをつけることにしたのだ。

当然のことながら、私のこの好待遇は、疎開先では批判の的となった。

例えば、私が夜中にトイレに行きたくなって目を覚ますと、家にいた時と同じくばあやとねえやが付き添ってくれる。

「水島くんは一人で便所に行けません」

「夜中にいちいちばあやとねえやを呼ぶのでうるさいです」

と、年長のお兄さんたちから先生に直訴されることになってしまった。私としては、親がいつのまにかばあやたちを手配してくれていたので、そういうものかといつも通り過ごしていただけなのだが、しかし、こうして早くから兄貴分たちの洗礼を受け、たくましさを身につけられたのは良い経験だったと思う。結局ばあやとねえやには日本橋に帰ってもらうことになった。

それにしても、子どもの疎開にばあやをつける、私の両親の過保護ぶりを考えると今では苦笑してしまうが、しかし、愚かだと言われようとも子どもを案じると居ても立っても居られなかった、我が親たちの深い愛情に、ひと時温かな気持ちになるのである。

＊　＊　＊

さて、この父の家に嫁いで来た私の母は、同じ日本橋でも住吉町、現在では人形町と呼ばれている町の生まれで、実家はやはり〝勝川屋〟という宝石商を営む商家だった。

この住吉町も、柳橋と並ぶ一大花街だった芳町に近接し、勝川屋は豪奢《ごうしゃ》を競う芸者衆がこぞって買い求めに来る華やかな大店だった。

こうして振り返ってみると、父方も母方も、きもの姿の女性をどう美しく見せるかということをその職業としており、このような環境に生を受けた私が長じて着付け学院を興したこと、そして民族衣裳文化普及協会の活動に邁進していることが、やはり何かの必然のように思えてならないのである。

第二章　終戦、そして父の死

　しかし、このような私の恵まれた少年時代は、九歳であっけなく終わりを迎えることになった。その理由は、戦争である。戦争ほど悲惨なものはない。積み上げて来た幸せな家庭を一夜にして破壊し、バラバラにしてしまう。戦争ほど破壊とむごさを繰り返すものはない。

　一九四五（昭和二十）年三月十日の、東京大空襲。東京の下町でおよそ十万人と言われる人々が犠牲になったこの空襲で、水島の家も、店も、蔵も、蓄えて来た全ての美しいものたちも——布、骨董、絵画、そしてきもの類の全ても——何もかもが灰燼に帰したのだった。

　それでも、我が家はまだ幸運だった。空襲の前日に小田原に疎開していた兄と私をはじめ、家族は皆生き残ったのだから。近所では、お隣りの氷屋のキミちゃんも、遊び仲

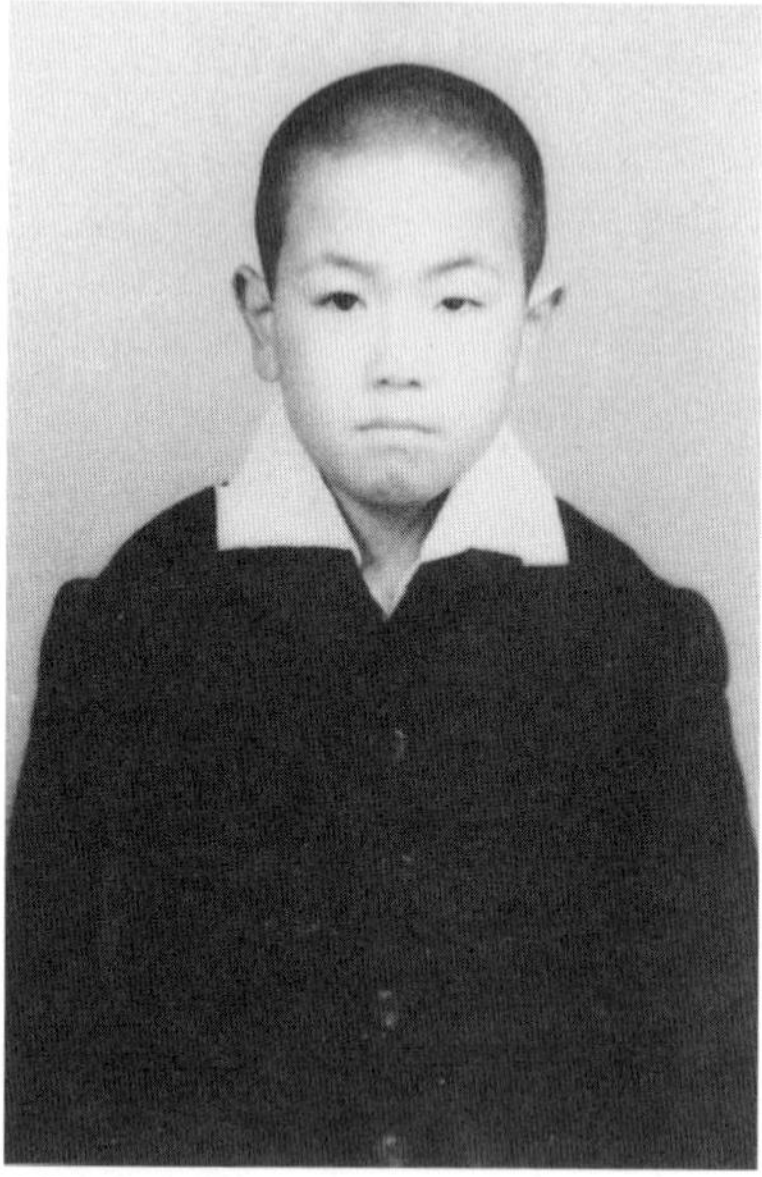

小学１年の頃

間のシンちゃんのお父さんも、近所の本多のクニちゃんのお兄さんも――本当に多くの方々が命を落とされた。

道を歩けば三味線の音が耳に心地よく、芸者さんや、イキな東京風のきもの姿の女性を角々に見かけた街。裏道では小さな家ながらも軒先に丹精込めた植木鉢が並び、街中は皆顔見知りで声を掛け合う――そんな江戸時代以来の美しく細やかな心配りに満ちた街並みが、一晩にして消えてしまったのだ。終戦後、疎開先から矢ノ倉に戻り、瓦礫と化した街に立った九歳の私の心を、皆さんにも想像して頂けるだろうか――。

この三月十日の大空襲、そして三年前の三月十一日の東北での地震と津波――一方は人間の所業であり、一方は自然による災禍であるが、そこには同じ破壊と悲惨な風景が広がっている。

＊　＊　＊

さて、終戦後、我が家の運命は更に暗転することになる。一家の大黒柱である父を病気で失ってしまったのだ。

父の経営していた都とんかつ

都とんかつの従業員と父

敗戦国となった日本が、どれほどの混乱に陥っていたかを、今の若い世代の方に想像して頂くのは難しいかも知れない。戦時中から食料は配給制となり苦しい生活が続いていたが、敗戦後は、特に都市部で深刻な食糧不足に苦しむことになった。そう、あまりにも悲しいことだが、やっと戦争が終わったというのに多くの日本人は、新たな生命の危機にさらされたのだ。

そして我が家も、その混乱の真っただ中に放り出されることになった。食料を手に入れるためには父が何時間も満員の電車に揺られて農村地へ行くしかなく、更に我が家は家も焼け出されていたから、仮に建てたバラックの中で寝起きをする生活だった。そんな困窮の極みの中で、ついに父は命を失うことになる。もともと病気がちで虚弱体質だった父の体は、戦争と、その後に続いた苦しい環境を持ちこたえることが出来なかったのだ。終戦から三年目の昭和二十三年、私が十二歳の時の出来事である。

＊　＊　＊

今でも覚えている戦争中の一場面がある。

父が経営していた都とんかつには長山さんという支配人がいて、この人が年は若いが大変優秀な人物で、父は全幅の信頼を寄せて経理の一切を任せていた。ところが戦争が始まると、その長山さんは徴兵されてしまう。そして最も厳しい南方戦線へと送られ、ガダルカナル島で戦死する運命となった。

ガダルカナル島の戦闘は、太平洋戦争中で最も過酷な戦闘であったと言われている。その過酷さとは、日本軍が敵の戦力を甘く見た無謀な上陸作戦を行い、更に食料補給に失敗したために、上陸した兵士たちが次々と飢餓地獄に陥る。それ故に過酷と言われるのである。お江戸日本橋の人気とんかつ店で生き生きと働いていた若き支配人の命は、こうしてその人生に何のゆかりもなかった太平洋上の小島で、それも恐らく飢餓地獄の中で、むなしく失われることになった。これに優る悲劇はあるだろうか?

戦死の報が届いたのは、まだ朝早い時間だった。その朝のことを私は今でもはっきりと覚えている。父は洗面室で鏡に向かい、髭を剃りながら、

「長山が戦死したよ」

と泣いていた。髭を剃りながら、ぽろぽろぽろぽろ涙が流れて止まらないのだ。私が父が泣いているのを見たのは、この時が最初で最後である。

おそらく父の精神は、このような度重なる喪失に強く打ちのめされていたのだろう。そして迎えた敗戦の混乱の中で、ついに肉体も力尽きて帰らぬ人になったのだ。父の遺体を前にした日、まだ十二歳だった私が突き落とされたよるべない不安と喪失の思いを、皆様にも想像して頂けるのではないかと思う。

＊　＊　＊

そして、父を亡くした私たち一家は、いよいよ困窮へと陥ることになった。何しろ家も家財も一切を失っている上に、私たち兄弟は全員まだ学生で、一家には稼ぎ手が一人もいなかったのだ。母は途方に暮れたが、それでも、地獄に差した一筋の光とはまさにこのことで、手を差し伸べてくれる人がいた。父のすぐ下の妹で、富山硝子という大店を経営する富山家に嫁いだ叔母が、「我が家に一緒に住んではいかがですか」と声をかけてくれたのだ。

富山家は、三越の向かい側の一帯、今も当時と同じく日本橋本町一丁目と呼ばれる辺りに、まとまった土地を持つ大地主でもあった。あの一帯は幸いにも戦災を免れ、羨ましいことに家も財産も戦前そのままに残っていた。私たち一家は一も二もなく叔母の親切にすがり、家族四人でその家へ住まわせてもらうことになったのである。そして、それだけでもありがたいことであるのに、私たち兄弟は富山家で日々の食事を頂き、学校へ通わせてもらい、勉強を続けることが出来た。富山の叔母夫婦には今でも、どんなに感謝をしてもし切れない、深い感謝の念を抱いている。

もちろん、その思いは母も同様であった。「どうやって子どもたちを育てていこう」と途方に暮れていた母にとって、叔母の温かい申し出はどれほどしみじみとありがたかったことだろうか。

そしてその感謝の念を実際の行動として表すために、母は自ら叔母の家の家事一切を取り仕切ることを申し出た。これまで大店の奥様として、父の商売の補佐はしていたもののの家事は一切女中任せだった母が、自ら手を動かして日々の家事に精を出したのである。この時の母の立派な行動は私の心に深く残り、後年、ハクビ京都きもの学院を興すことにつながっていくのだが、今はその話は置いておこう。全ては、私たち三兄弟を何とか立派に育て上げたいという、母の純粋な思いから出た行動であった。

＊　＊　＊

以来、四年間、私たちは富山の叔母の家に世話になった。

その間に十二歳だった私は十六歳へと成長し、やがて母の再婚に伴い、生まれ育った日本橋を離れることになった。

母の再婚相手は、富士野鞍馬という、実業家であり作家でもある紳士だった。江戸以降の文芸全般に通じた文化人で、川柳と川柳画が特に有名だが、随筆や文化論も数多く著している。

この母の再婚を機に、私たち兄弟は富山家が持っていた白金台の家に引き移ることになった。やがて大学受験の時期がやって来て、私は一橋大学を目指したのだが、残念ながらその年、合格はかなわなかった。そこで浪人して次年度を目指そうとした私に、慶

義父・富士野鞍馬と母

応に進学していた兄から待ったがかかる。

「我が家は父を亡くし、親戚の世話になっているのだから、浪人などという贅沢をするのはもってのほかだ。すぐに働くか、専門学校にでも通ったらどうか」

そう意見されたのだ。

確かに兄の意見はもっともであり、私も浪人はあり得ないと納得した。しかし大学で学びたいという思いが強かった私は、一計を案じることになる。当時住んでいた白金台の家の真向いには明治学院大学があったが、その夜間部の経済学科に通い、昼は働きますと宣言したのだ。

そこから私の多忙な学生生活が始まることになった。夜はもちろん夜間部の授業に通った訳だが、では、昼の間は何をして働いたか。実は、一般的な事務員などのアルバイトではどうも割が合わないと判断した私は、全く新しい学資稼ぎの方法を考え出したのである。それは、明治学院大学の昼間部の学生たちに、勉強を教えるというやり方だった。

明治学院大学１年の頃

明治学院大学のキャペル

具体的にはこのようなものである。

私は明治学院大学の学生証を持っていたので、夜ばかりでなく昼の時間も構内に入り、英文科の授業に片っ端から出席してはノートを取った。学内に、勉強をさぼりたい学生は山ほどいる。私は昼間部・夜間部合同の卓球部に所属していたので、昼間部にも広く人脈を作っていた。

その人脈を通じて、試験やレポート提出の際に何を書いたらいいか、その要点を教えるのである。講義を真面目に聞いていれば、「ここが出るな」という山は自ずと分かって来るものだ。私はそのポイントを、更に英語での表現の仕方まで含めて教え、これが大評判を取った。実は当時、明治学院大学の英文科の授業は、全て英語で行われていた。当然試験回答もレポートも英語で書かなければならず、学生たちが一番手こずるのもこの点だった。それを「英語の表現込み」で指導したのだから、楽をしたい学生にとって私は実に役立つ存在だったのだ。

こうして私は楽々と学資を稼ぎ、更に、一日中講義に出ていたものだから、英語力も、専門分野の知識も自然と身についていた。一年次の終りにはオールＡの成績を獲得し、二年次からは特待生として昼間部の経済学科に転科することが出来たのである。また、学費に関しては親戚の世話になることなく、無事に大学を卒業することが出来た。これも私の大いに誇りとするところである。

コラムⅡ

日本橋生まれ

お江戸東京のど真ん中・日本橋矢ノ倉町で生まれ育って戦争で焼け出された私は、その後幾つかの土地をめぐった後、今では世田谷に住んでいる。

「生まれ故郷の日本橋が恋しくはないですか?」

と人に問われることがあるが、実はこの問いに答えるのはとても難しい。

もちろん、恋しいに決まっているのだ。

しかし、私が恋しいのは空襲で失われてしまうまでの日本橋で、ビルばかりが並ぶ今の矢ノ倉町——名前も東日本橋に変わってしまった——に立っても、味気なさや一抹のむなしさが残るばかりだ。

それでも、やはり、人は生まれ故郷からは離れられない。実は私は中央区のマンションに一室を持っていて、その窓からは隅田川が眺められる。故郷の街並みは失われても、川だけは、変わらない。隅田川を離れて生きていけない私は、やはり心底、日本橋の人間なのだろう。

第三章　保険会社で学んだ人を動かす技術

そんな充実した大学生活を終えた後、私が就職したのは生命保険会社だった。いよいよここから、私の仕事人生が始まるのである。

当時私が入社した会社は、一九九六（平成十）年に経営破綻したため、現在は存在しないが、東邦生命保険という、明治時代創業の中堅保険会社だった。現在では破綻前の保険契約は全てジブラルタル生命に引き継がれている。

その東邦生命保険の就職試験で内勤と外勤のどちらにも内定した私だったが、迷いなく外勤を選んだ。保険外交員として、直接個人のお客様を回って契約を取る業務には働く前から自信があり、事実、一年目の成績は支店トップ、二年目で既に新宿支店の係長に昇進という輝かしい成績を上げることが出来たのである。

しかし、三年目に入ったとき、意外な辞令を受け取ることになる。「社員教育を行う研修所で、講師を務めよ」というのである。普通このような講師職は定年も近い大ベテラン社員が担当し、たった三年目の若造が赴任するなどというのは大変な抜擢であった。が、ともかく社命であるのだから、誠心誠意努めようと決意したのである。

＊　＊　＊

その研修所で、私が担当したのは新入社員研修だった。二年前の私と同じ、大学を卒業したての同世代の若者たちに、保険外交員としての「営業の基礎」を教育するという職務だった。

今でこそ、保険の外交員と言うとその大半を女性が占めているが、当時は全員が男性社員だった。自分と年齢も近く、言ってみれば部活動の後輩のような彼らに、私は情熱を傾けて研修を行った。そしてここでの真面目な勤務態度が、予想外の結果を生んだのである。

実は、研修を担当して間もなく、私の研修は新入社員たちに絶大な好評を博すようになった。勉強のために社の予算でたくさんの人事研修講座に出してもらっていたが、そこで学んだメソッドを取り入れて自分なりに構築した新入社員研修が、非常に役に立つと好評を呼んだのだ。それがどのようなものだったかは後ほど詳しく書くが、どうやらこの仕事は自分の天職に近いようだと分かり始めていた。

また、全体を見渡せば、優秀な人材もいるが、中にはどうもあまり保険外交員に向いていない新人もいた。私はついついそんな社員には自分の協力者をお客様として紹介したりもしており、こうした親身な指導も彼らの心に響くものがあったようだった。やがて、自然発生的に、私が薦めるビジネス書を皆で読み込む、そんな読書会を開いてほしいという声が上がって来たのである。

＊　＊　＊

これは自分でも予想外の展開だったが、もちろん、非常に嬉しい出来事でもあった。私は毎朝七時に新入社員が寮生活を送っていた研修所へと出勤し、本来の研修開始時間である九時までの二時間、読書会を開催した。初期に教材にしていたのは、デール・カーネギーの『人を動かす』やノーマン・ヴィンセントピールの『積極的考え方の力—ポジティブ思考が人生を変える—』である。

どちらの書籍も、現在でも名著として多くの人に読まれているが、特に『人を動かす』は、自分の望むように人に動いてもらうためには、命令や威嚇が必要なのではないこと。その正反対に、相手の身になり、相手の話に真剣に耳を傾けることこそが、人の共感を勝ち取り、信頼感を育てること。その結果として、自分が望むように相手が動いてくれる——そのような理論を説いている。

実はこれは、商家に育った私が幼い頃から無意識に身につけ、また、東邦生命での保険外交業務を通じて更に理解を深めていた考え方を、そのまま言い表したものだった。研修所の講師となった今は、「是非ともこの考え方の極意を後輩たちに伝えたい！」と強く思い、その熱意が彼らに真っすぐに伝わったようだった。何と、八十名もの新人たちが毎朝この読書会に自主参加したのである。通常の研修時間前の朝の二時間であるのだから、私も大変だったが、彼らにとっても非常な努力だったと思う。

左より妻・博子、長男・康貴、長女・由美子、著者（37 歳頃）

ハワイにて長男・康貴と

やがてこの読書会の評判は社内に伝わり、ついには当時の社長の耳にも達することになった。

代々東邦生命を率いる太田家の、三代目社長・太田清蔵氏に私は呼ばれ、お褒めの言葉を頂いた。そして、太田氏は教科書にしている本の名を訊ね、ぽんと八十名分、ポケットマネーを出してくださった。

「これからも、君がいいと思う本はどんどん買いなさい」

そんなありがたい言葉をかけて頂いたのである。

＊　＊　＊

こうして研修業務に打ち込んでいた私だったが、その二年後に、人生は更なる大きな転機を迎えることになる。その変化は思いがけず、家庭の中からやって来た。

一九六二（昭和三十七）年、私は結婚をした。妻の実家は、美容雑誌の出版とともに、美容院で使われる業務用のシャンプー、リンス、パーマ液などを扱う専門商社〝百日草〟

を経営しており、当時は私の義父である妻の父が、代表を務めていた。義父は私のことを大変高く買ってくれ、「お前に一人、人をつけてやるし初期資金も出すから、事業をやってみろ」としきりに勧めるのである。

特に義父は、私が東邦生命の研修所で大成功していたことに注目し、

「美容業界でもこれからは研修業務が必要になって来る。お前の能力ならきっと成功するから、是非やってみろ」

そう強く勧めるのだった。

ここで私は非常に大きな人生の決断を迫られることになった。東邦生命での仕事は順調で高い評価も受けており、何も不満はない。しかし、やはり代々商家の家に生まれた血なのだろうか、自分で事業を興し市場を開拓するという道に、より大きな魅力を感じたのである。

一九六二（昭和三十七）年、入社四年目で私は東邦生命に辞表を提出し、無事、円満退社のはこびとなった。その後も、同社で知己を得た方々とは温かい関係が続き、東邦生

命の社外総代にも選ばれるなど退職後もお役に立てたことを、この章の最後では特筆しておきたい。

また、太田社長とは、後に社長がマルタ共和国の名誉総領事に就任された際、私にも領事となって補佐してほしいとの依頼があり、喜んでお手伝いをさせて頂いた。途中退社した私を叱り、怒るどころか、その後長きにわたって目をかけ、このような名誉ある仕事を任せてくださった。太田清蔵氏とは真に心暖かい、懐の深い方だったのである。

当時研修を担当した新入社員諸君とも、その後折々に「同窓会」と名付けられた同期会に招いてもらっている。これは元研修講師職として、私が何よりも嬉しく感じることである。

彼らの中からは、支店長になった人も何人も出ている。そう考えると、私の研修も少しはお役に立てたのかも知れない。今や全員が定年を迎えており、歳月の移り変わりの早さをしみじみと感じるのである。

1991年、マルタ共和国「ジャパン・ウィーク・イン・マルタ」にて、タボーネ大統領と太田名誉総領事

同じく「ジャパン・ウィーク」にて、タボーネ大統領と著者

第四章　起業、そして、相手の力を引き出すメソッドの確立へ

東邦生命を辞職して独立した私は、義父の薦めに従い、美容室に特化した研修業務を行う会社を設立した。一九六二（昭和三十七年）年、私が二十六歳のことである。

ここで当時の社会環境を少しご説明しておくと、日本社会は敗戦の傷も完全に癒え、いよいよ高度成長の波に乗り始めた時代だった。それまでになかった大型規模の美容室チェーンが続々と展開を始めており、それらの店では、カットやパーマなど技術面については もちろん独自のスタイルを研究・開発するが、ことお客様とのコミュニケーションとなると、何一つ明確な指針がなく、行き当たりばったりの経営を続けている状態だった。

私が参入を考えたのは、正にこのマーケットだった。美容室は、ただ髪だけを切っていれば良いのではないはずだ。そのように私には思えた。お客様に心底リラックスして

頂ける場所になることが望ましく、結果的にはそれがリピーターの増加につながる。つまり、商売のためにもなるはずなのだ。

では、そのために、どのような接客コミュニケーションが必要なのか？ そこを強化する研修事業を始めようと構想していた。

とは言うものの、私はそれまで保険業界に身を置いていた全くの門外漢である。一体どうやって美容業界の接客を指導出来たのか？ そう、疑問を持たれる方も多いに違いない。しかし、この点については私には強い自信があった。

東邦生命時代、保険外交員として、抜群の営業成績を上げられたそのコツ。研修所に移ってからも、社の資金で様々な人事研修研究会に出席して勉強を重ね、それを元にして編み上げた実際の指導が成功を収めていた。これらの経験から、お客様とのコミュニケーション上の問題点をあぶり出し、それをプラスの方向に変えていくために何をすれば良いのか、そのメソッドが構想出来ていたのである。

＊　＊　＊

ここで、少々長くはなるが、私のそのメソッドについて詳しくご説明してみたいと思う。

と言うのも、この後私はハクビ京都きもの学院を創立することになるが、東邦生命を経て美容室の教育研修時代に確立したこの人材育成のメソッドが、ハクビでの着付け指導法の中に核として活かされているからだ。それを一言で言うなら、「相手に寄り添い、相手の力を引き出す」メソッドということになる。

どういうことであるのか、解説してみよう。

＊　＊　＊

「研修」というと、普通、何らかの知識やノウハウを身につけた講師が、受講者の前に立ち、講義する。そんな光景をイメージされる方が多いのではないだろうか？

しかし、当時の私が美容室で行った研修では、一切そのようなことは行わなかった。それどころか、講師であるはずの私は、何もしない。ただひたすら受講者である美容師の皆さんに話をしてもらっていた。これこそが私の編み出した「顧客コミュニケーション向上研修」のメソッドだったのである。

では、その内容を、もう少し具体的に見てみよう。まず研修のはじめに、受講生に数名ずつのグループに分かれてもらう。そして私が出したテーマについて、ひたすらディスカッションをする。講師である私はその間、グループを回って何が話されているのかを聞く。これが研修前半の内容だった。

では、グループになった美容師さんたちに、何を話し合ってもらっていたのか？

そもそも私の研修は、「どうすればお客様と良好なコミュニケーションを築き上げられるか」ということをテーマにしていた。だからその「お客様とのコミュニケーション」について、あらゆることを自由に話し合ってください、と伝えていたである。

例えばこのようなことである。

カットやシャンプーなどの施術を行いながら、美容師は年がら年中お客様とお話をすることになる。その際に、どういう話題だと話が続かなくなって困るのか？　或いは逆に、会話が弾むのはどういう話題なのか？

会話の最初の糸口はどんな話題にすれば、比較的上手くいくのか？　そもそもお客様は何を話したがっているのか？　或いは聞いてほしがっているのか？　これまでにお客様の機嫌を損ねてしまった答え方はあったか？　或いはご機嫌になって頂けたのはどんな風に返事を返した時か？

そんなあらゆることを、フリーに話し合う。ディスカッションの開始当初はぽつりぽつりと事例が出て来るだけであったが、次第に事例が事例を呼び、その中からまるで魔法のように、行うべき解決策が見えて来る。これが研修の後半部分に当たる内容だった。

＊　＊　＊

結局のところ、美容室という業界では、次のような結論が浮かび上がる。

お客様が最も話したいのは、実は自分の家庭の話なのである。それもズバリ言って、姑の悪口。逆に姑の側からは、嫁の悪口。一切の遠慮も粉飾もなくざっくばらんに美容師さんたちが事例を挙げていくと、このような真実が浮かび上がって来た。これが一九六〇年代当時、日本の女性たちが生きていた日常世界の現実だったのである。

嫁と姑が互いの悪口を言い合う。お世辞にも美しいとは言えない光景ではあるが、私たちは商売人であるから、その良い悪いを論じたり、指導したりする立場にはない。美容室とは、お客様が心身ともにリラックスして美しくなって頂くために存在する場所である。お客様が口に出したいことを、まずはそのまま受け止める。これが第一に必要な態度であると思えた。

しかし、だからと言って、嫁姑間の対立をよけい煽るような返答を返すことも、商売人のすべきことではない——そう、私たちは結論づけた。何しろお客様自身も、このような状況が決して褒められたものではないことは内心分かっているのだから、調子に乗って煽《あお》り続ければ、いずれこちらの評価を下げることにもなりかねない。

結論としては、お話はいくらでもお聞きするが、返答は、出来れば、少しでもポジティブな方向へいくように心がける。このような、人生相談の名回答と言えるような結論に、調停員でも相談員でもない美容師さんたちが、議論の末に自然にたどり着くのである。

* * *

「教育」という言葉を、英語では「education」と言う。

この語の基幹部分である〈educate〉とは、ラテン語の〈educo〉という語を語源に持つ。〈educo〉とは、「引き出す」という意味であるそうだ。つまり、教育とは、相手に自分の考えを押しつけたり植えつけたりすることではなく、相手の持っているものを引き出すことである。そういう思想がここにはあり、私自身もこの思想に全面的に賛成するのである。

実はこの思想は、先にご紹介したカーネギーの書『人を動かす』が説いていたこと、「相手の話を聞くことを重視する姿勢」にも通ずるものがあるだろう。自分の意見を喋りまくって相手を圧倒し、自分の側に取り入れようとするのではなく、相手の話や相手の希望を聞き出すことで、自ら納得しながら動いてもらう。このようなスタイルこそ、現在のハクビまで続く、「引き出す」指導法。いや、正確には指導法という言葉もふさわしくない。「指導」という語にはどうしても、一方がもう一方の上に立ち導いていく印象があるが、そうではなく、相手がもともと持っているものを聞くことで引き出し、それを受け止めて自分も動き、影響し合う。そのような対等なコミュニケーションこそ私が理想としたものであり、独自に編み出したスタイルでもあったのだ。

恐らく、世の中には、

「受講生たちに勝手に話をさせるだけでは、ただのお喋り大会に終わるだけだ。そんなことでは何がしかの意味のある解決策になんて到達出来る訳がない」

このように疑問に思う人も多いのではないだろうか。しかし私は、そういう人は大変もったいないことをしていると思うのである。

確かに受講生一人一人を単位に考えてしまえば、それぞれが持っている知識や経験には限りがあり、なかなか次の解決策の段階へと進むことは難しい。けれど、ディスカッションという形で互いの経験を率直に分かち合い、意見を重ね合えば、人は思いもかけない高みへと到達出来るのである。

ここに私はこのメソッドの最大の優位点があると考えるし、また、更にこの方法の良いところは、参加者自らが自分の頭で思考し始めることなのである。自分で考えたことはただ人に教わるよりも、より強く心に残るではないか。

実は、こうして美容業界の研修事業で私が確立したメソッドは、現在、アメリカで、「Mutural Interactive Training」（ＭＩＴ）と名づけられ、研究・普及の対象となっている。

*　*　*

そのきっかけは、だいぶ時代が後のことになるが、ハクビ京都きもの学院が一九九四（平成六）年から九七年にかけて、マサチューセッツ工科大学で行ったきもののショーだった。このことについても少しお話を加えてみたい。

このようなきもののショーでは、観客である学生のために、英語できものについて解説をしなければいけない。何しろ海外の観客たちは生まれて初めて日本のきものを見る人が大半なのだから、解説は非常に重要で、この時はその英訳をマサチューセッツ工科大学のコミュニケーション論の教授で日系のドクター・ミヤガワ（宮川繁教授）と、後にカナダのトロント大学の教授となったケネス・リチャード博士が担当して下さることになった。そしてショーの当日、私は進行に合わせてお二人の訳してくれた解説文を元にスピーチをこなし、無事にショーを終えることが出来たのである。

ところが、このショーの後、英訳を担当してくれたドクター・ミヤガワから、

「せっかくだからうちの大学の大学院で、何回か日本服飾史の連続講義をしてくれないか」

という提案を頂いた。またトロント大学からも、このまま残ってトロント大学でも講義を続けてくれないかという有難い申し出もあった。どちらも大変名誉な話であるし、お世話になったミヤガワ教授からの頼みだから是非受けたいと思うのだが、同時に私ははたと困ってしまった。明治学院大学時代に英語の授業を受けていたおかげでふだんの英会話なら不自由はないが、大学での講義となると、話は別である。特に服飾史は専門用語が多く、どう訳したらいいのか見当もつかない語も多々存在する。それに何より、マサチューセッツ工科大学と言えば、全米でも屈指の名門校である。学生も当然優秀な人材ばかりだろう。そこで一体不自由な英語で、どう講義をすればいいのか？――しかし、その時、これまでに自分が確立して来た「寄り添い、引き出す」学びの方法を、こ

マサチューセッツ工科大学より「客員講師認定書」を受ける。写真中央がミヤガワ教授

カナダ・トロント市庁舎にて（左より）著者、ケネス・リチャード博士、トロント市長

こでも実行すれば良いのだと気づいたのである。

＊　＊　＊

マサチューセッツ工科大学大学院やトロント大学での日本服飾史の講義は、質問を受けることを中心にして、その後に実技を見せる方法で行われた。

まず、学生たちには、五、六人ずつのグループに分かれてもらう。各グループでは一人ずつチェアマンを立て、ディスカッションの進行・まとめ役を担当する。

その上で、例えば袴について取り上げる回では、まず、袴についてのビデオを流す。実際に日本の男性が袴を履いて動いている姿を、学生たちに見てもらうのだ。その上で、ディスカッションを開始する。

学生たちは、今、生まれて初めて見た袴というものについて、感じたこと、疑問に思ったことを自由に語り始める。「素材は何なのだろう？」「綿に見えるけれど、絹なのか？」――このように、素材が話題に上るグループもあれば、ズボンにもスカートにも似た袴の形状について、あれこれと想像をめぐらせるグループもある。「馬に乗っていた場面があったけれど、ズボン状になっていないと乗れないんじゃないかしら?」「でも、見た目はスカートみたいだったよね」――そのように話す彼らは、〝馬乗り袴〟と〝行燈袴〟という日本の二つの袴の種類について、もう正確に言い当てているのである。

このようにして行ったディスカッションを通じて、毎回感心させられたのは、袴なら袴というものについて、ほぼ全ての情報が網羅されていることだった。

「学生同士のフリー・ディスカッションだけで授業を進めるなんて、知識が偏った結果に終わるのでは?」

と心配される方もいると思うが、実は結果はその逆だった。むしろ、一人の専門家がレクチャーする形式を取ると、その専門家が恣意的に情報をコントロールした場合、確実に情報の偏在が起きるし、また、そこまでの悪意はなくても、その専門家が何か知らない情報があった場合は、受講生たちも当該の情報の存在にすら気づけないことになってしまう。

けれど、ディスカッション方式を取れば、受講生がそれぞれの視点を持ち寄るため、実は話題は平均化される。そして一つのテーマについて知っておくべき情報が、完全に網羅されるのだ。これは私にとっても新鮮な発見だった。

＊　＊　＊

さて、このようにしてディスカッションを終えた後には、「発表」というプロセスを取り入れる。西暦二〇〇〇年代の現在ならパワーポイントを使って作業するところだが、当時は模造紙を使い、ディスカッションで話し合った内容を各グループ単位でまとめてもらった。そして最初に決めたチェアマンが、クラス全員の前で発表を行うのだ。

このプロセスも非常に重要だった。何故ならこうして他グループの発表を聞くことにより、網羅された情報の全てを、受講者全員が共有することになるからだ。発表するのは講師ではなく、ふだんから顔見知りだったり、行動を共にしたりしているクラスメートだ。当然学生たちは飽きることもなく耳を傾けることになる。

そして、この後に課題として、

「では、先ほど、袴の形状についてズボン型かスカート型かという議論が出たグループがありましたが、来週までにこの問題について正確な答えを調べて来てください」とレポート課題を出すと、学生たちは既に自分のこととして問題を受け止めているから、図書館にこもって真剣に調査を開始する。実に、袴について私も知らなかったような知識を調べて来る学生もいて、非常に高いレベルの結果を出すことが出来たのだった。

＊　＊　＊

マサチューセッツ工科大学での私の連続講義を、助手として見守って感銘を受けたのが、ドクター・ミヤガワだった。実は彼はもともとコミュニケーション論の専門家であったから、

「ミスター・ミズシマのこの学びのスタイルは、あらゆる人に応用出来る。実に有効性の高いメソッドなのではないか！」

と考えたのだ。是非、きもののショーの置き土産として、今後このスタイルを研究させてほしい、と言われ、私はもちろん快諾した。私自身はただ一心に、「日本のきもの文化をどうやったら学生さんたちに上手く伝えられるか？」と考えた末に行った講義だっ

たが、考えてみれば東邦生命時代から私は常に、アメリカ発祥のコーチング理論やセルフコントロール理論の影響を受けて来た。その私が、それらの理論に現場での実践を加えて編み出した人材開発メソッドが、他ならぬアメリカ人の専門家の目に留まったのだ。このことを、ただただ素直に嬉しく思うばかりだった。

＊　＊　＊

ブレインストーミングとロールプレイングとを合わせたような形式である私のこの人材開発メソッドは、ドクター・ミヤガワによって精緻に研究・実践され、現在、「Mutural Interactive Training」（ＭＩＴ）として普及段階に入っていることは、先にも述べた。

Mutural＝相互に、Interactive＝反応し合って進める、Training（トレーニング）。どちらかと言うと相手を言い負かしたり、自分の意見のみに注目が集まるよう策を練る傾向の強いアメリカ文化の中で、日本発のこの人材開発理論が何らかのポジティブな影響力を持ってくれることを、今、ここ、日本の空の下から願うのである。

コラムⅢ〈思い出の人①〉

名将・落合博満監督

プロ野球中日ドラゴンズ・ゼネラルマネージャー落合博満氏とは、二〇一一（平成二十三）年、ドラゴンズ浴衣デーの際に対談する機会を得た。この年、落合監督はまだドラゴンズ監督を務め、翌年、リーグ優勝を置き土産に一旦チームから退くことになる。

そんな落合氏は、世間では強面《こわもて》で知られているが、お会いした印象は全く異なっていた。物腰は紳士的でそこはかとなく温かい人柄をもにじませていて、特にその人材育成の考え方に私は非常に感銘を受けることになった。ここに簡単にご紹介してみたいと思う。

監督として、氏は、選手と接する際に次のような方針を貫いているのだということ。

まず、氏が大切にされているのは、選手一人一人の実力を正しく見極めることであるそうだ。プロ野球チームとは、言ってみれば野球のエリート集団だが、その中でも当然実力差は出て来てしまう。また、年齢による力の衰えももちろんあるだろう。まずはチーム全員について、現状の実力を正確に把握することが肝要であり、その上で、氏は次のような方針を取っていると私に語ってくれた。

「選手を見ていれば、『ああ、この選手は、三年後にはチームを出て行くことになるな』という人ははっきりと分かります。実は僕はそういう選手には非常に優しく接するんです。厳しい指導は一切しません」

では、逆に、厳しく接するのはどういう選手か。それは、実力・年齢ともに今まさに花開いている、或いはこれから花開こうとする選手なのだという。監督はそのような人材を「十年後もチームにいる人」と称された。要するに、今後長きにわたってチームを牽引していく、スター選手ということになるだろう。

普通に考えればこのような選手はチームとして厚遇すべき人材であり、流出を避けるためにもソフトに接するのが一般的なやり方ではないだろうか。一方、実力不足、或いは高齢の選手はどうせすぐチームからいなくなるのであるから、例えばその実力不足に苛立ちを感じたなら、思うがままに怒鳴り散らしても構わない訳だ。

しかし、氏の人材育成方針は全く逆をいくものであり、その核になる考え方を、氏は、

「仕事、というよりその人の人生と考えているんです」

と表現されていた。これは、今、この時、監督が接している目の前のその姿だけではなく、今後の選手の人生の中で今がどう位置づけられるのか、そういう深い見方をされているということになるだろう。だからこそ、チームの核となると見込んだ人材にはより大きく開花してもらうために厳しい指導をするし、その可能性がない人材には厳しい指導は必要ないということになる。

しかし、ここがまた肝要なのだが、氏のこのような考え方は決して出て行く選手を見放していることには当たらないのである。何故ならば一言、こうも付け加えられているからだ。

「三年後、いなくなる選手には、その後のことを考えています。コーチなり地域野球の指導者なり、次の仕事をいつも探していますよ」

何とも人情味あふれる、古き良き親分肌の落合氏ではないか。監督時代、氏はリーグ優勝四回、日本シリーズ制覇一回という偉業を成し遂げ、選手から格別に慕われていたが、その理由を私はしみじみと知ったのである。

中日ドラゴンズ落合博満監督（現・GM）と懇談する著者

＊　＊　＊

さて、ここでもう一度、一九六二（昭和三十七）年の東京に話を戻したいと思う。後にMITと呼ばれることになった人材開発メソッドを用いて美容室の研修に乗り出した私は、多くの顧客様、美容室の信頼を勝ち得ることが出来た。そして、事業が順調に推移する中で、新たに新規事業として、ウェディングドレスのレンタル事業に乗り出すことになるのである。

この経緯をお話する際、ここでも、まずは当時のブライダル市場が置かれていた環境について、少しご説明を加えたいと思う。

一九六二年当時、ブライダル業界は、大きな変化のただ中にいた。と言うのも、それまでは自宅や自宅近辺の料理屋などで行うことが一般的だった結婚披露宴を、現在のようにホテルや専門の結婚式場で行うことが定番化しつつあったからだ。同時に、西洋文化への憧れから一気にウェディングドレスの需要も高まっていた。

日頃美容室に出入りする中でこのような変化の兆しを感じ取っていた私に、或る時、「ウェディングドレスをレンタル衣装として事業化すれば、大きなビジネスチャンスになるはずだ」という直感がひらめいた。

そこで思い切って私はフランスへと飛び、実に三ヶ月間、最新のパリモードのウェディングドレスを購入しまくることになったのである。

帰国後は、ただちにレンタルドレス店をオープンした。当時はやはりドレスと言えばヨーロッパのものが絶対的に本場であったから、私の店のドレスは結婚式場などのレンタルドレスに比べて、格段にデザインが洗練されているという評判を得ることが出来た。しかし、もちろん、最初から全て順調だった訳ではない。初期には無名だったこともあってほとんど顧客がつかず、どうしようかと頭をひねった末に、自分が明治学院という、キリスト教の大学出身であることを活かそうと思いついた。しらみつぶしに首都圏の三百あまりの教会を回り、保険外交員時代に培った営業トークで一軒ずつ信頼を勝ち取って行ったのである。

その中から、やはりキリスト教の組織であるＹＭＣＡにルートを切り開くことに成功した。信者の方々の結婚式で、私の店のドレスを着て頂くことが出来、これで事業は完全に軌道に乗ったのである。その後は、式のヘアメイクの担当として、これまでお世話になった美容室の美容師さんを送り込めるよう営業トークにも努力した。こうして美容室様ともタッグを組み、共存共栄のマーケットを確立することが出来たのである。

ウェディングドレスレンタル事業がハクビ京都きもの学院を興すまでに私の行った最後の事業であるが、大きく軌道に乗ったこの事業がその後どうなったのか、最後にお話ししておきたい。実は創業数年後から、私の店はフランスからの輸入だけではなくオリジナルドレスを開発するところにまで成長していたのだが、以前から私の事業に注目してくれていた桂由美先生さんから、

「私もファッションドレス事業をやっているから」

というお話があり、当時はもうハクビ京都きもの学院を創立して無我夢中だったこともあり、思い切ってウエディングドレス事業の方は大先輩の桂由美先生にお願いすることを決断した。桂由美先生は、日本人初のブライダルファッションデザイナーであり、

また日本初のブライダル専門店をオープンした、私が敬愛してやまない大先輩であった。先生の卓越した美的センスと経営能力により今日見るような事業にまで大きく成長していったのである。やがて将来的には、桂先生が我が子のようにかわいがっている、山野愛子美容室の山野愛子ジェーンさんに将来は受け継がれていくものと思われるが、純白のドレスをめぐり、美容業界の何とも不思議なめぐり合わせを感じるのである。

＊　＊　＊

ところで、ウェディングドレスとは、純白に輝くものである。

純白の美。白の美。ここから「ハクビ」という、現在にもつながる名称を私はレンタルドレス店に冠していた。そして、後に着付け学院を興した時にもこの名を継承した訳だが、それには理由がある。

華やかな友禅にも、温かな紬にも、きものには皆、色が乗っている。しかしその色も、この元は白い糸の上に乗ってこそ初めて、私たちの目を、心を楽しませてくれるのだ。この白い糸、全ての色を支える、母なる白への感謝と憧憬の思いを、私はハクビ京都きもの学院という名に込めたのである。

第五章　ハクビ京都きもの学院の歩み

美容室への研修事業と、ウェディングドレスレンタル事業。順調に推移していた二つの事業を行いながら、私の中に更に新しい挑戦への闘志がひらめいたのは、一九六九（昭和四十四）年のことだった。その事業こそ、現在まで続くハクビ京都きもの学院の経営事業である。

きっかけは、その頃、仕事で回る営業先で、「着付けを教える教室」の話を耳にしたことだった。

今でこそ、着付けを、ハクビをはじめとする着付け教室で学ぶことはごく当たり前のこととなっているが、それまでは日本のどこにも着付け教室は存在していなかった。着付けとは、代々親から子へと家庭の中で伝えるものであり、日本人は、実に有史以来二千年の間、そうやって衣服を着て来たのである。だから「着付け教室」の話を聞いた時は、何かとても新鮮なことのように思えた。

しかし、戦後二十年以上を過ぎた一九六〇年代半ば頃には、いよいよこの「家庭の中で着付けを伝える」伝統が崩れ始めていた。明治の文明開化以来、日本人はあれこれと西洋文化を取り入れても、こと服装にいたっては和装の習慣を守り続けていた。しかし、太平洋戦争に入って空襲の危機が迫ると、男性は軍服風の国民服、女性はもんぺ姿に変わり、更に戦後、生活の洋風化が加速化する中で、二度と和服が主流に戻ることはなくなってしまったのである。

和服が主流ではないということは、結婚式など特別な日以外は、きものを着ないということであり、生活の中で着付けを親から子へと伝える習慣は自然と失われてしまう。特に、戦後二十年を過ぎた当時は、戦時中に子どもだった世代が親になる時期であり、その世代自体が親から着付けを受け継ぐ機会がなかった訳であるから、いよいよ家庭での伝承は危機を迎え始めていたのである。

しかし、これは現在も同様だと思うのだが、日本人として生れて、きものに心から興味がないという人はほとんどいないのではないだろうか。誰しも、「きものは着てみたいんだけど、何だか難しそうで……」「着る機会がなくて」「家に着る人がいなかったから、着方が分からないんです」と言う。

このような状況をざっと概観した時、なるほど、これは事業になるかも知れないなと、ウェディングドレスの時と同様、私は直感したのである。そもそも私は日本橋で、きもの周りの小物を扱う家に生まれ育った人間だった。きもの姿への愛着は人一倍強かったから、「着付けを伝える」という仕事に、事業云々を抜きにして、大きく心を動かされるものがあったことも事実だった。

＊　＊　＊

そして、もう一つ、着付け学院という事業に心惹かれる根幹の思いもあった。実はこれは私が、母から受け継いだものだ。

私の母が、戦争で家財の一切を失い、やがて夫も亡くして大きな苦労をしたことは、先にも書いた。その母が最晩年、遺言として私たち兄弟に託した一つの願いがあったのである。

母の話は次のようなものだった。

敗戦後の混乱の極みの中で、母が最も苦しく思ったことは、働きたいと思っても働くことが出来ないことだったという。お嬢様育ちの母だったが、頼りにしていた夫を失ったとき、まだ育ちざかりの私たち三兄弟を立派に育て上げて学校を出すためだったら、朝から晩まで働き詰めでも構わない。とにかく仕事に出たいと心から思ったという。けれど、母に何か手に職があった訳ではない。もちろん、商業簿記のような資格を持っていた訳でもない。ただ思いだけがあるだけでは、当然働き口など見つかる訳もなかったのであり、その時、母は、痛切に思ったという。

「私に何か手に職があったら……そうすれば子どもたちにこんな思いをさせることはなかったのに……」

幸いにも私たち一家はその後親戚の家に厄介になることが出来たが、そうでなければ一体どのような運命が私たちを待ち受けていたのだろうか？　この時の体験を踏まえ、母は私たち兄弟にこう言い残した。

「将来、お前たちの誰かがもしも事業を興すことがあるなら、どうか女性たちがこの社会で、しっかりと経済的に自立して生きていけるよう、その道筋を作る事業をしてほしい」

それが母の、最期の願いだったのである。

＊　＊　＊

それ以来、私の心の中には、いつも母のこの言葉があった。

そして一方、一九六九（昭和四十四）年当時、「きものを自分で着られるようになりたい」と願う女性たちがいた。その段階では彼女たちの思いはまだ「自分が着る」というところにとどまっていたが、私には、その一つ先、自分できものを着られるようになれば、次は、他装。つまり、人に着せたいと思う女性も出て来るはずだ。そうすれば、着付けを職業として確立出来るのではないか、そんな時代への読みがあった。

当時、着付け師という職業は、結婚式の花嫁や芸者を着付けるための専門職、謂わば晴れの場の領域に属していた。何故ならば一九六〇年代以前の女性たちなら、ちょっとお友だちと食事会へ行く日のきものはもちろん、茶会や、結婚式に客として出席する程度のシチュエーションまでなら、自分で着ることが出来たのだから、着付け師の助けは必要なかったのだ。

しかし、六〇年代末、きものを自分で着られない人が増えていた現実の中では、その仕事の領域を、礼装からふだん着の領域にまで大幅に拡大することが可能だと思えた。それは大幅な機会増であり、正に、女性たちの自立を約束出来るだけの職業になるだろう。今こそ、母との約束を果たすことが出来るのではないか。そう、思えたのである。

＊　＊　＊

こうして私は早速行動を起こし、義父が持っていた巣鴨の民家の一室を皮切りに、一歩ずつ、現在までに至るハクビの学院網を広げていった。思い出すのは、いよいよハクビ京都きもの学院を興そうかと迷っていた時期に、遠藤波津子美容室の遠藤波津子先生その人の所へ、相談に行った日のことである。

巣鴨時代の「ハクビ」初めての教室

と言うのも、私は遠藤先生と、遠藤先生と並ぶ美容室チェーンを展開されている田中雅子先生に非常に強い遠慮の気持ちがあった。私はそれまで、美容室の研修事業を自分の会社の生業として来た。先生方の美容室にも顧客になって頂いていたが、ここで着付け学院を興せば、自分で着付け出来る人が増えてしまう。つまり、例えばこれまで「今日はお茶会に」と美容室で髪のセットのついでに美容師さんに着付けをしてもらっていたお客様が、着付けサービスを利用しなくなるのではないか。有体《ありてい》に言えば、遠藤波津子先生をはじめとする美容室の収益を、減じることにつながると思えたのだ。

これまでお世話になった篤い仁義があるにも関わらず、そんな事業を興して良いものか。率直に先生に打ち明けて、私はご相談したかった。

ところが、遠藤先生のご反応は、私の悩みをいっぺんに吹き飛ばすようなものだったのである。明快に、先生はこうおっしゃった。

「どんどんおやりなさい」

一体、それは何故か。その回答が、さすがは美容界のパイオニアとして一時代を築いた人のものだったのである。

「着付け学院が成功したら、街にきものを着る人が増えるようになるわね。きものを着たら、髪はそのままでいられるかしら？　やっぱり必ず美容院でセットをすることになるんじゃないの。と言うことは、私たちのお客が増えるということね。どんどんおやりなさいな」

また、先生はこんなこともおっしゃってくれた。

当時、業界では、男性美容師が続々と数を増やしていた。彼らは髪を扱うことは出来ても、女性に対して、下着姿から順番に着せつけていく着付けを担当することは不可能である。

「これまでは、特に着付け師という職業はなかったから、必要とあれば女性美容師が髪の毛から着付けまでトータルで担当することが多かったけれど、これからの時代は、髪と着付けを男女で分けて担当していくケースが増えるのではないかしら。その時は、あなたの所で着付けを学んだ人に来てもらいたいわ。コラボレーション出来ますよ」

このようにおっしゃってくださったのである。

私が内心ひそかに思い描いていた着付け師の需要を、遠藤先生の慧眼はさすがに、既にお見通しだったのである。

＊　＊　＊

そして、時代の推移は、正に私や先生が予感した通りに、女性着付け師を必要とした。現在、ハクビ京都きもの学院で着付けを学んだ先生たちの多くが、美容院の着付けを請け負っている。

例えば、毎年成人式の日には、ハクビの先生たちは早朝から各地の美容室で、大忙しの一日を過ごす。我々は各先生方が担当した新成人の人数を毎年集計しているが、実に、東京都で成人を迎える方々の七％の着付けを、ハクビ出身の先生方で担当しているのである。

こうして学院の先生方の活躍ぶりを見る度、遠藤先生のさすがのご慧眼と、また、背中を押してくださった広く温かい心を、しみじみと思い出すのである。

＊　＊　＊

さて、遠藤先生との会談はこのように素晴らしい結果に終わったのだが、しかし、ハクビ京都きもの学院の経営が最初から順風満帆に進んで行った訳ではなかった。

実は開校当初は、「着付けは家庭で伝えていくべきもの」と考える方々から、意外なほど強い反発を受けることになった。私たちの活動は何か古き良き習慣を破壊する邪道のように思われ、白眼視する人も多かったのである。

何にせよ、これまでになかったことを始める時は反発がつきものだというこの世の中の真理を、初めてまざまざと自分の身に思い知らされた格好だったが、私はそれでもひるむことはなかった。何故ならば、古き良き習慣にこだわるのは良いが、その間に、現に着付けの伝統は忘れかけられており、その一方、これを従来とは違った方法でも構わないから、「学びたい」と願う人々がいるのである。この両者を結びつけることは絶対的に正しく、意義あることだと、私は確信していた。

こうして、逆風の中でも、ただひたすら純粋に「着付けを学びたい」「きものを着たい」という人の役に立ちたいと、私はハクビ京都きもの学院の仕事に没頭していった。

当初は、まず「自分で着られるようになりたい」という人のための授業カリキュラムを立てていたが、やがて、創立前からひそかに思い描いていたように、次第に「人に着付ける」こと（着付け師）や「人に着付けを教える」こと（着付け教師）についてもコースを新設し、更には、組紐教室や和紙ちぎり絵教室、花嫁衣装の着付けコースも創設するなど、学びの範囲は大きく広がっていった。

実はこのような展開のあり方には、前章で述べて来た私の基本的な考え方、「相手に寄り添い、相手の力を引き出す」経営姿勢が反映されている。そしてそのことが、この後多くの着付け教室が乱立した後でも、ハクビを現在にまで続く全国規模の学院に育て上げてくれたのだと思っている。このことについて、少しお話をしてみたい。

＊　＊　＊

そもそもの初めから、ハクビ京都きもの学院は非常にゆるやかなルールで展開を始めていた。着付け学院に限らないことだが、何か一つの会社・団体が、初めは第一号店、或いは本社から開始して徐々にフランチャイズ店や支部へと規模を広げていこうとする

成城の自宅茶室前でハクビ京都きもの学院教授一期生との記念写真

場合、常套《じょうとう》のやり方としては、まず本部で明確な営業方針を定めることが普通ではないかと思う。そしてその方針に従う確約をした組織だけに、フランチャイズ店や支部のロイヤリティを与える。これが一般的な展開方式だろう。

ところが私はこういう方針を取らなかった。

例えば、東京のハクビ京都きもの学院で着付け教師の資格を取った先生がいる。普通に考えれば、我々が東京の各地で展開している教室のどこかに教師として赴任してもらい、そこで着付けを教える。これが一般的なあり方になるだろう。

しかしその先生に小さなお子さんがいたり、或いはお舅さんの介護をしなければならないなどといったような家庭の事情がある場合には、頻繁に家を空けて教室へ来ることは非常に難しい。そうなると、この先生はせっかく着付け教師資格を取ったにも関わらず、使い道がないということになってしまうのである。

私はこれではいけないと思った。努力して資格を身につけた一人の女性の可能性を、こちらの方針を堅持したいばかりにつぶしてしまうことになるからである。それでは、学院創立時に掲げた目標の一つ、「女性の経済的自立を支える」という目標を、そして、母との約束を果たせなくなってしまうではないか。

では、どうすれば良いのだろうか？

こういった家庭の事情を抱える先生方とよくよく話し合ってみると、

「もしも家で教室を主宰して良いことになれば、とても嬉しいのですけれど……」

という声が多いことに気づいた。では、そうしよう、と私は即断したのである。確かに本部直営の教室を広げていく方が、日々教授法のクオリティ管理がしやすいなど、運営上の利点がある。しかし、しっかりと教授法の基準を定めれば、各家庭で教室を開いてもらってもクオリティが落ちることはないはずなのだ。

こうして、ハクビの、現在まで続く二つの教室システムが出来上がった。

一つは、本部直営教室。もう一つが、先生方それぞれのご家庭で開かれる教室（ファミリー・テン／家庭で十人は教えることを規約に定めている）。これを、師範会または経営講師（開業講師・マルK）と呼んでいる。どちらの教室もハクビにとって大切な教室であり、どちらが上でどちらが下ということもない。私はこのような教室システムを作り上げたのである。

もちろん、全ては、働く先生たちの希望をかなえるため。相手の気持ちに寄り添い、相手の話に耳を傾け、相手がしたいと望むことを引き出した結果である。

＊　＊　＊

当然、こんなこともある。

何年か師範会教師として自宅などで着付けを教えていくうちに、例えば日本の服飾史や花嫁衣装の着付けなど、「もっと奥深く着付けについて学びたい」という気持ちが、先生方の中に芽生えて来ることがある。

ハクビでは、そういう先生方が直営教室の講座を受講することも可能だし、また、後に設立した民族衣裳文化普及協会のコースももちろん受講可能となっている。財団法人である民族衣裳文化普及協会に至っては、ハクビの卒業生ではない、全く別の着付け学院を卒業された方をも受け入れている。

このように、我々の学院では、コースに関わる全てのシステムが非常に柔軟である。

そして先にも書いたように、柔軟な体制だったからこそ、ハクビは今日まで発展を続けて来られた。その根底には、人が望んでいることを形に移していくこと、それが経営であるという考え方が横たわっている。このことを、常に心に留めておいて頂きたいのである。

＊　＊　＊

そして、教室システムだけではなく、ハクビの全ての制度に「相手の希望に寄り添う」姿勢はいき渡っている。そもそも、「きものを自分で着られるようになりたい」人のために始めた学院が、次第に、「人に着付けたい」、或いは、「着付けを教えたい」人のためのコースへと領域を広げていったのも、決して私が押しつけてそうなった訳ではなかった。他の全てのことと同じく、ただひたすら生徒さんの中から出て来る声に応える形で進展していったのである

また、我々には「ハクビ舞」という、着付けを自然に、楽しく覚えて頂くための、音楽と着付けが一体になった舞踊のようなオリジナルの着付け法があるが、これも、先生

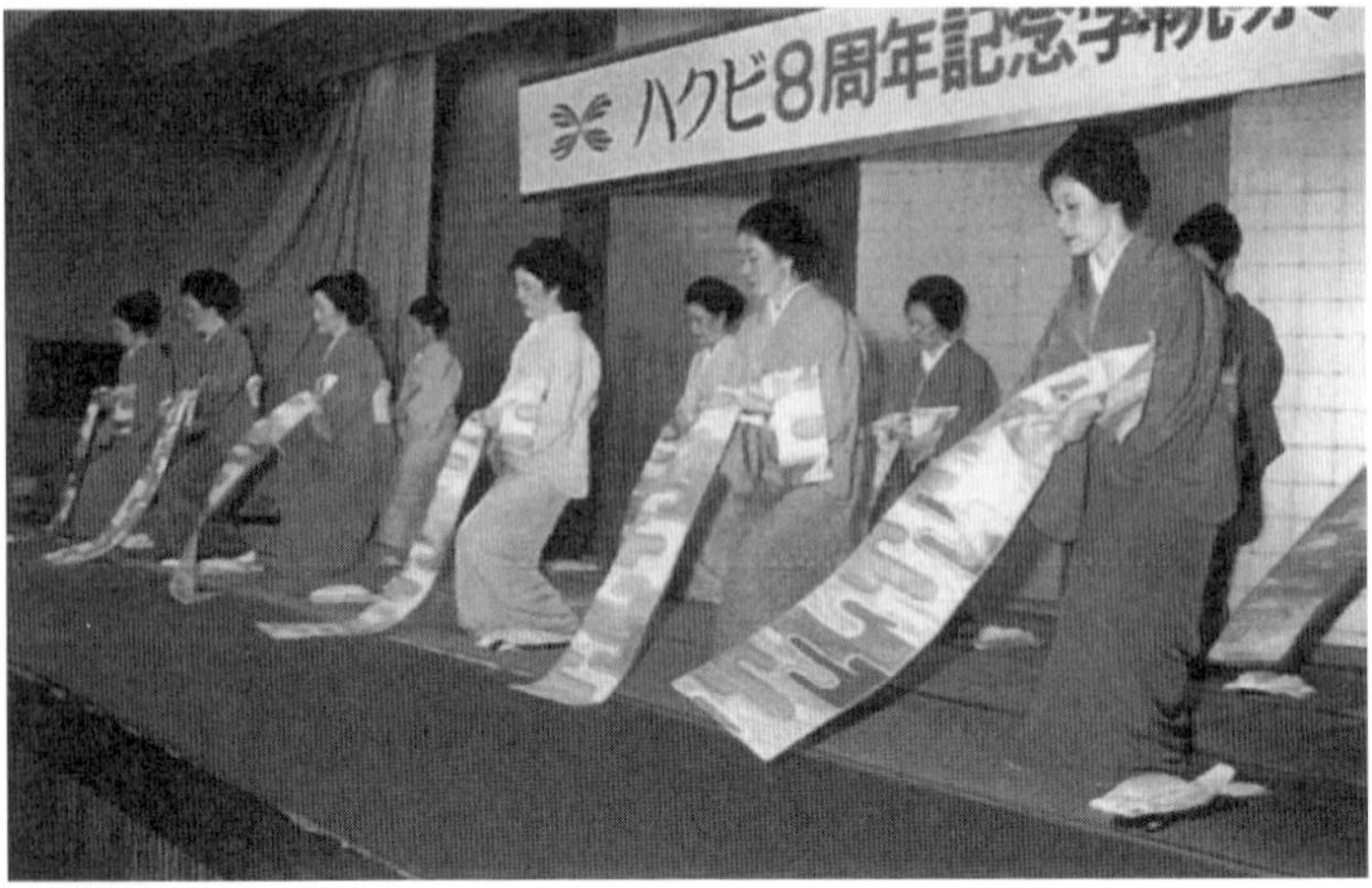

1976年（昭和51年）第一回ハクビ学院祭での「ハクビ舞」

2011年（平成23年）〈弘前城400年祭きものフェスタきものショー〉にて披露された「ハクビ舞」

方よりの提案から生まれたものだった。ちなみにこのハクビ舞は、現在直営校の院長を務める飯島朋子先生のハクビ舞グループに受け継がれており、国内外の様々な場でご披露をしているが、毎回大変にご好評を頂いている。

最初に提案を受けた時の話では、音楽の力はとても強く、記憶に残りやすい。また、メロディーに着付けのポイントを合わせるように作り込めば、みんなが同じクオリティで着付けを習得出来来、ショーなどでもとても見栄えが良いのではないか。さらに実利的な面から考えても、例えば家のことが忙しくてしばらく着付けの時間が空いたとしても、音楽を聞けば手が動いてすぐに思い出せるだろうから、やはり、音楽と着付けを組み合わせたら可能性が大きく広がるのではないか——そのような内容であった。

私は即座に「面白い！　是非研究してみて下さい」と言った。すると先生方や生徒さんが研究会を連日開き、その中から、着付けや動きの手順が決まり、舞い始める前に帯や帯締めを置いておく位置も定まり、こんな音楽や歌詞にしようと決まっていき、歌は当時第一線で活躍されていた三橋美智也さんや島倉千代子さんにお願いをした。つまり全てはメンバーの方々が自分達で作り上げたことであり、上司である私は「研究してみ

第 26 回「国民文化祭」（京都）にて（2011 年 10 月）

て下さい」と言っただけ。本当に、何一つ参加していないし、手も動かしていないのだ。

けれど、それが一番良いのだと思っている。

当たり前のことだが、人は、押しつけられたことよりも、自分が発想したものや、自分がやりたいと願うものに取り組む時こそ、本気で熱中出来る。私が学院の発展を急いで、無理やり「みんなで揃って見栄えよく披露出来る着付け法を考えろ」とオーダーを出したり、「これからは着付け師が大量に必要とされるから、他装のクラスを新設します。ついては生徒さんを集めなさい」などと言っても、自分の中から湧き出て来た思いでなければ、先生や生徒さんのやる気はそれほどまでには上がらない。それよりも、例えば他装コースの例で言えば、

「自分できものは着られるようになったけれど、今度はお友だちに着せてあげたい」

「娘の成人式の日の着付けを自分の手でしてあげたい！」

そんな声が多数上がって来た時に、「ではコースを作りましょう」と新設に動いた方が、関わる全ての人のやる気は格段に高まるのである。

そして、「相手に寄り添い、相手の力を引き出す」方針は、ハクビの着付け教師が生徒さんに着付けを教える、その教授法の中にも活かされている。ハクビでは、上級着付け教師の資格認定のコースで、着付け技術だけでなく教授法の授業も設けており、そこでは、先にご紹介したMITに通じる教授法を指導しているのだ。

このカリキュラムには、既に師範会の着付け教師として自宅で教室を開いたり、ハクビの直営校で教えている先生方が参加する。この授業からどのような効果が生まれているかを知って頂きたいと思う。

＊　＊　＊

まず、授業の最初では、MITの場合と同じく、受講者に三人ずつ程度の小グループに分かれてもらう。そして、「互いの話を引き出す」ということに留意した上で、グループディスカッション――発表、この一連のトレーニングを行うのである。

そして、これらの過程を経た後で、次にその小グループ内で着付けの授業を行ってみる。互いに交代で教師役と生徒役を務め、着付けを教え――教えられるということを、改めて体験してもらうのだ。一連のこの授業を通過した後には大きな変化があることを、私は毎回目にして来た。

最も違うのは、先生方から出て来る一つ一つの言葉である。授業に参加するまで、先生たちは、「帯は、ここでは、こうしなさい」と、極論すれば命令に当たるようなコミュニケーションで生徒さんに着付けを伝えようとしていた。

しかし、授業を経験した後では、その言葉は「やってみてください」に変わる。自分の思う理想通りに生徒さんを動かそうとするのではなく、まず、生徒さんに主体的に動いてもらえるようになる。その上で、足りないところがあれば補助をする。この違いが非常に大きいことは明白だろう。

そして、もちろん、まずは自分で動いてもらう教授法の方が、生徒さんにとっては心理的な圧迫感が少なく、達成感は大きい。受動的に教えられたことを繰り返すのではなく、まずは自分で動いた上で修正を加える方法だから、記憶にも残りやすいのである。

ハクビグループでは現在、こうした教授法を身につけた先生方が、全国各地の教室で着付け、そして和裁、和紙ちぎり絵など和の技術をお伝えしているのである。

＊　＊　＊

面白いことに、ハクビの歴史を振り返ってみると、実はこのような「相手に寄り添い、相手の力を引き出す」基本姿勢は、これまで上げて来たような「こと」の領域だけではなく、物品の販売のような「もの」の領域においても自然に貫かれていたことに気づく。

ハクビでは、帯下できものの上前と下前を安定させるためのオリジナルの着付け小物を販売しているが、これも、元々は直営校の授業で、その都度貸し出していたものだった。しかし、「家で復習する時にも同じ小物で練習したい」という声や、「師範会の教室でも使いたい」という声が次第に多くなり、販売へと踏み切ることになった。

つまり、最初から「この小物を買いなさい。買わないと着付けが出来ませんよ」と押しつけていた訳ではないのであって、むしろその反対に、腰紐で代用しても大丈夫だということを、授業では必ず生徒さんに伝えていた。それにも関わらず、「やはりこの小物は便利だ」と、先生、生徒さん自らが認める。その上で、「販売してほしい」と声が上がって来たのである。

このようになれば商品は放っておいても売れるし、押しつけて売っている訳ではないから、お互いにさっぱりと気持ちがいい。

これまでハクビの事例を細かに述べて来たが、これら「もの」「こと」の事例の中に、全ての商売に通じる真理が含まれているのではないだろうか。

それは、水がその土地々々の地形に合わせて流れていくように、相手の求めているもの、相手の思いに寄り添ったものをタイミング良く提供すること。或る時は相手が潜在的に持っている力や願いを引き出して、その力を発揮出来る場を作って差し上げること。そうやって作り出した商売、事業なら、無理なく自然に物事が運び、必然的に成功を収めるということ。そのような真理である。

＊　＊　＊

そして、相手の立場に寄り添って耳を傾け、相手の力を上手く引き出し、場合によっては自分の力として取り込んで使いこなす能力。これは、実は男性より女性の方がずっと長けているのではないかと私は考えている。女性の脳の構造の方が、男性より人の話に耳を傾けることに適していると言う人もいるし、或いは、幼い頃からどうしても競争原理の中に投げ込まれやすい男性陣は、どうすれば自分を他人より際立たせられるかということに気を取られがちで、相手に共感する能力が女性より低いと言う人もいる。

これらの見解が正しいのかどうか、私には判断出来ないが、おしなべて、女性は人の話を聞く耳を持っている。このことは事実として、私も日々実感している。そして個人的には、おそらくこれには、女性が置かれた社会環境の多様性が関係しているとも思うのである。

どういうことかと言うと、私たちは一口に「女性」と言うが、実は、学校を卒業したらとにかく定年までひたすら仕事第一に励む、社会的な立ち位置が一本道の男性とは違い、女性の場合には、同性の中に様々な立場が混在している。それが非常に重要なファクターになると考えるのだ。

1991年「第三回世界陸上東京大会」にて、フィールド・キャスト４００名の着付を担当。
また選手村においても各国の選手にきものの着付をおこない好評を得る

例えば、主婦となって子育てや親の介護を中心に生きる女性、キャリアウーマンとして活躍する女性、地域ボランティアに頑張る人、パートタイムの仕事で家庭と仕事の割合を絶妙に保つ人、趣味で玄人はだしの腕前を発揮する人……女子大のクラス会に出席したとしても、このように様々な社会的立場の友人が併存していることが当たり前である女性は、そもそも相手の立場を理解して受けとめるということの基礎を、知らぬ間に身につけているのだ。

その基礎能力の上に、相手を励まし、支え、結果的には自分の力と出来る能力も成り立っていく。それは事業の王道であるのだから、日本社会がかつてないほど女性の力を必要としている今、女性たちには是非自信を持って、前へ前へと進んでほしいと願う。そして、男性たちも、女性たちが自然に備えているこの力を発揮しやすいように環境作りをすることが肝要だと思う。

特別に難しいことは何もないのだ。既に自らの中にある力を使い、相手の力をも引き出していく。このような女性の力が社会全体に広がっていった時、日本という国が静かにしなやかに、変わっていくことを確信するのである。

2011 年開催の「女性文化大学」より
（上：名古屋会場、下：兵庫会場）

第二部　真の国際交流とは何か

―民族衣裳文化普及協会の活動を通じて―

ハワイ大学創立者クラブメンバーに推薦され、モーティマハワイ大学総長より記念のプラグを贈られる著者

第一章　海外への船出――第一歩は、ハワイから

ハワイ、パリ、上海、ニューヨーク、ミラノ、バンコク、ニューデリー……私がこれまでに、きものを軸とした国際文化交流活動のために世界各地を訪れた回数は累計で百四十回を超えるであろう――

世界に冠たる民族衣裳である、きもの。

その着付けの技術を世代から世代へ伝えるために始めたハクビ京都きもの学院は、やがて、きものそのものの魅力を世界へと伝える事業に、その活動範囲を大きく広げていくこととなった。

経済をはじめ、国境を越えた人やものの行き来がますます加速化する二十一世紀。そうであるからこそ、自らのアイデンティティを確固として持つことが重要となる。第二

部では、これまでに国際交流の分野でハクビ京都きもの学院と民族衣裳文化普及協会が歩いて来た道のりを振り返りながら、真に実りのある国際文化交流のためには何が必要なのか。我々が体験から得た知見を記してみたいと思う。

＊　＊　＊

ハクビ京都きもの学院が初めて国際文化交流活動に参加したのは、創立から三年目というまだ非常に早い時期、一九七一（昭和四十六）年のことだった。

その年、ハワイ大学で、日本文化を学ぶ学生に向けてきものセミナーを開くという企画が持ち上がり、これに学院として参加したことが、現在まで続く国際文化交流活動の第一歩となった。まずはその歩みからお話してみたい。

＊　＊　＊

そもそものきっかけは、学院創立から間もなく参加した京都きものコンサルタント協会の活動だった。この協会は、当時全国各地でぽつぽつと生れ始めていた着付け学院の代表者同士が交流する業界団体で、現在は京都きもの芸術文化協会と改称している。

当時、まだまだ着付け学院に対して世間の認知度が低かった、謂わば逆風の中で、互いに商売敵と敵対視し合うのではなく、共に手を取り合い、業界全体として発展していこう。そのような主旨で設立した協会だった。

発足時には、全国から十三の着付け学院が参加した。着付け技術習得に関して統一の基準を設け、着付け師と着付け教師の免許を発行することを決定し、また、年に数回各校の代表者が集まり経営に関する勉強会を開催することで、互いの親睦を深めていた。


この協会の初代会長には、労働大臣の石田博英先生にご就任頂いた。後に私は副会長、そして石田先生亡き後は現在まで会長を務めることになるのだが、他でもない、この石田先生にご協力を要請したのは、当時はまだ平の会員だった私だった。

先生とは、その少し前、人伝てに、先生が会長を務めておられるミス・インターナショナルの国際大会で、「外国人へのきものの着付けを担当してくれる組織を探している、どこかやってくれる所はないか」という話を伺ったことにご縁が始まる。早速着付けを

1972年（昭和47年）9月、京都きものコンサルタント協会「全国理事長会議」にて

担当することを申し出て、以来、先生に知己を得た。ここで出来たご縁で京都きものコンサルタント協会の会長就任をお願いに上がると、快諾してくださったのである。当時、着付け学院に対する世間の評価がまだ定まっていない中で、こうして労働大臣のお墨つきを得たことは、業界の発展にとって大きな一助となったと思っている。先生には深く感謝をしているのである。

コラムⅣ〈思い出の人②〉

冒険が結ぶ縁
――石田博英先生と植村直己氏

モンブラン、キリマンジャロ、アコンカグア、チョモランマ（エベレスト）、マッキンレー……世界五大陸最高峰登頂を成し遂げ、また、北極横断にも成功した冒険家、植村直己氏。実は私は彼の活動の支援者に、名前を連ねたことがある。

その縁の始まりは、労働大臣の石田博英先生によるお引き合わせだった。

一一一ページでも詳しく書いた通り、石田先生には京都きものコンサルタント協会の会長に就任頂き、大変お世話になっていた。しかし先生は、よく政治家にありがちな「パーティー券を買ってくれないか」といった政治資金がらみの話をされることは一切なく、実に気持ちのいいおつき合いが何年も続いていた。その石田先生が、或る時、どうか俺の頼みを聞いてくれないかと連絡して来た。いよいよパーティー券かと身構えると、意外にも「植村直己の冒険を支援してほしい」という話だったのである。

その時初めて知ったのだが、石田先生は、実に冒険という行為に熱いロマンを抱く男だった。何しろ、そもそも政治家になったきっかけが冒険なのだという。

何でも、少年時代に父君からあれこれと世界の冒険家たちの話を聞かされ続け、すっかり心を奪われてしまったのだそうだ。自分も将来は世界を舞台に活躍する、そんな仕事をしたいものだと幼心に思い、そしていよいよ早稲田大学へ進学する際に、政治家になろうと決心したのだという。昭和三十年代から五十年代にかけて「石田労政」と呼ばれるほどの一時代を築いた政治家のバックグラウンドには、「冒険」という夢が輝いていたのである。

＊　＊　＊

その石田先生が自身の少年時代の夢を託したのが、植村直己氏だった。政治資金については恬淡としていた先生が目をきらきらとさせて、どうかあいつを支援してほしいと懇願するのだ。

その頃、植村氏は北極点到達を目指して準備を重ねていた時期で、しかしなかなか思うようには資金が集まっていないということだった。私は植村氏には会ったことさえなかったのだが、他ならぬ石田先生の頼み事なのだからご協力しますと申し出ると、先生が私に提示したのは、意外なほどに控えめな金額だった。そこで、

「もう少し出した方が良いですか?」

と私が訊ねると、

「いや、これでいいんだ」と先生は言下におっしゃった。「最初はこのくらい出しておいて、もしどうしてもあともう少しだけほしいと言って来たら、その時にぽんと出せばいいんだよ」

私も、そんなものかと思ったのである。

その後、植村氏からは追加資金の要請はなく、無事に北極へと旅立って行かれた。私はテレビでそのニュースを見ながら、なるほど、石田先生という人は、どちらの側にも大きな無理をさせず、しかししっかりと成果が上がるようお膳立てをする。さすがは難問の三池炭鉱争議を解決した名労働大臣だと、その手腕を垣間見る思いがしたのだった。

一方、植村氏は、一九七八年に見事北極点到達に成功された。実は支援条件の中には「支援者の名前を書いた旗を北極点に立てる」という一項があり、もちろん、そんな条件がなくても支援はしたのだが、何とも夢のある話だ

石田博英先生との記念写真

植村直己氏と握手をする著者

と愉快に思っていた。そして、植村氏は本当にこの約束を果たしてくださり、一度は私の名が北極のあの氷の地に翻ったのであった。

＊　＊　＊

その後、植村氏とは実際にお会いする機会があった。義理堅い彼は冒険から帰国すると一人一人支援者のもとを回り、帰朝報告をしてくださったのだ。しっかりと私の手を握るその力強さには、大冒険を果たしても少しも驕ることのない、実直な人柄がにじみ出ていた。

その後も植村氏は新たな冒険に挑み、グリーンランド縦断にも成功。更に一九八四年二月にはアラスカ・マッキンリーの世界初冬期単独登頂を果たされたが、その下山途中で行方不明になったことは今でも残念でならない。彼の冒険を常に側面から支援する人々が現れ、その死を誰もが心から悼んだのは、全て、氏の実直な人柄故にだったのだと思う。心よりご冥福をお祈りする――

* * *

さて、その京都きものコンサルタント協会の例会では、話題の中心はいつも「きもの文化、きもの産業をどう守っていくべきか」ということだった。当時は日本経済全体がその後のバブル景気まで続く非常な上り坂の途上にあり、きものも、礼装を中心に売れてはいた。しかし、生活の洋風化の傾向はやはり明らかであり、私たちきものに関わる者たちは既に十分な危機感を抱いていたのである。

そして、ちょうどその頃は、生活の洋風化と並んでもう一つの大きな変化、テレビ文化がいよいよその最盛期に入ろうとする時期でもあった。実験段階的要素も大きかった一九六〇年代を経て、テレビは人々の娯楽の中心に立とうとしており、そこで取り上げられることのインパクトは現在の比ではない時代だった。

或る日の例会で、誰が言い出したことだったのか今となっては忘れてしまったが、きものファッションショーや時代きもののショーのようなイベントを行い、テレビに取材に来てもらうことは出来ないか？――そんなアイディアが話題に上った。そして、それは存外難しいのだということもすぐに別の会員が補足をしてくれた。その会員は、それまでに何回かきもののイベントを主催した経験があり、テレビ局を巻き込んで取材をしてもらおうと申し込んでも、飛ぶ鳥を落とす勢いのテレビマンたちは目もくれないのですよ――そんな話だった。

ところが、そこで、別の発想をした会員がいたのである。

これも今となっては誰が言い出したことだったのか、忘れてしまったのは残念だが、日本国内では取材に来ないテレビ局も、こと海外できもののイベントが大きく話題に上れば、一つのニュースであるとして謂わば逆輸入のように、採り上げようと考えるのではないか? そしてそれが国内でのきものへの関心を高めることにつながるのではないか?

正に逆転の発想であり、どうせ国内でやっても大きな反響は望めないのなら、一か八か外に出てみる価値はあるかも知れないと、その場にいた全員が思ったのだった。

やがて、このアイディアが、小林豊子きもの学院の小林学院長の手で実現に移されることになった。これが、冒頭で少し触れたハワイ大学でのきものセミナーの企画である。明治以来、日本から多くの移民が移り住み日本文化への親近感が高いハワイで、学生たちに向け、単位発行する授業の一つとして〝きもの大学〟というセミナーを行う。それは単に講義だけに終わるのではなく、実際に人に着付けた姿を見て学んでもらう。つまり、ショーの形にする。このような優れた企画だった。

そして、この一大イベントを、他ならぬ私がお手伝いすることになった。第一部第二章でお話したように、私は明治学院大学で英語での教育を受けており、そのことを協会会員の皆様も良くご存じだったためだ。

「水島さんは英語が出来るんだから、手伝ってあげてくれないか」

そのように、白羽の矢が立てられたのだ。全く思いもしなかった展開だが、セミナーの主旨そのものには大賛成だったため、やってみようという思いが湧き上がって来た。また、当時少しずつ軌道に乗り始めていたハクビ京都きもの学院を継続的に発展させていくためには、業界の人々と良好な関係を築いておくことが重要だという、別の思惑もあった。全く前例のない試みに苦労は予想されたが、総合的な経営判断から、私はハクビ京都きもの学院としてこの活動に乗り出す決意を固めたのである。

＊　＊　＊

それにしても、小林豊子先生から頂いたたまたまのご縁だったが、国際文化交流活動のスタートをハワイから切れたことは、非常に運が良かったと思う。何故なら、海外に出ようとする日本人にとって、ハワイよりやりやすい土地は他にないと思うからだ。

まず何よりも、移民の二世、三世が住んでおられ、日本への親近感が高い。

また、いきなりアメリカ本土や中国のような広大な地域へと乗り出して行くことに比べ、ハワイなら、決定権を持つトップの人々が比較的まとまった狭いサークルの中に集結しており、何かと話を進めやすいのだ。このような場所で最初に国際文化交流活動の経験を積むことが出来たのは、非常に理想的な進み方だった、と、海外をよく知るようになった今になっては、しみじみと思うのである。

＊　＊　＊

さて、きものについて全く知識のない海外の方に日本の服飾文化を伝えようとする場合には、幾つかのコツが必要となる。その第一として、まず二つの見せ方が必要となることをお話したい。この二つとはどのようなことを言うのかと言うと、一つは、今現在のきものの着姿を見て頂くこと。もう一つは、日本服飾史のこれまでの歩みを知って頂くことである。この両者の着姿を合わせて見て頂くことで、きものが約二千年間、日本人の生活の中で綿々と変化を繰り返しながら継承されて来たこと、そして、現在も着続けられているということが理解されるのだ。

ハワイ大学での初めてのきものセミナーを前にして、今挙げた「二つの見せ方」というところまでは私たちの考えはまとまったのだが、しかし一つの問題があった。現代の着姿についてはハクビ京都きもの学院や小林豊子きもの学院の先生方が担当してお見せすれば良いが、平安女性の十二単姿や男性の束帯姿、或いは桃山以降の打掛姿など、時代衣裳の着付けとなると、専門的な着装技術が必要になる。どなたか専門家の指導が必要だという結論に達したのである。

この時、我々のチームにアドバイスをくださったのが、京都御所の所長をしておられた石川忠先生だった。石川先生にはハクビの名誉顧問をお願いしていたが、事情をご説明に上がると、平安末期より代々、天皇家、そして公家の方々の装束着付けを担当する山科流の、平井三良先生をご紹介くださることになったのである。全く願ってもないお話であり、平井先生はこのセミナーを通じて、私たちに貴重な装束着付けの知識を惜しげもなくご教授くださった。そのおかげでハワイ大学のきもの大学セミナーは、現代性と伝統的格式とを併せ持った堂々たる内容となったのだった。

こうして大好評のうちに幕を閉じた第一回目のきもの大学は、次年度もその次年度もと大学側からの要請を受け、以来、今日まで四十三年間、途切れることなく続いている。当初は小林豊子きもの学院とハクビ京都きもの学院との共同事業だったが、小林先生の方は毎年続けることは難しいということで、結局、我々が単独で担当することとなったのである。

コラムV

ハワイ大学でのきもののセミナー、四十三回

ハクビ京都きもの学院、そして民族衣裳文化普及協会がハワイ大学で初めてきもの大学を開催してから、昨年で四十二年になった。その間、一度として休まずきもの大学を続けて来たのだから、つまり四十三回同じ場所できものセミナーを開催したことになる訳だ。

こう話すと、「よくもまあ、きものというワン・テーマで四十三回も続けて来られましたね」と感嘆のお言葉を頂戴することがあるが、確かに毎回苦心はするものの、それでも余りあるほどに、日本のこのきものという服飾文化は豊穣な中身を秘めているのである。

例えば、「十二単」というテーマ一つ取ってみても、季節ごとの代表的な襲の色目を紹介して、日本人の自然に対する美意識の反映であると解説する

ことも出来るし、或いは、時代ごとに十二単の着装にも微妙な変化が生じているので、それを一つ一つ紹介することで、八百年の長いタームで十二単を見てもらうことも出来る。また、趣向を変えて切り口を『源氏物語』のきもの」に取り、世界に名高いかの王朝文学の衣服世界を再現したこともある。

一方、華麗な王朝文化とは打って変わった、江戸時代後期のイキの美意識を主題に置けば、黒や藍色のきものの裏にちらりとのぞく紅の色や、様々な縞文様の微妙な差異の面白さ、或いは、無地にさえ見える江戸小紋のさりげない、しかし洒落心たっぷりの感性を伝えることも出来る。

かようにきものは多様な可能性を秘めている。四十三回は確かにそれなりの達成ではあるが、まだほんの第一章が終わったところ――そんな風に言えるのかも知れない。

＊　　＊　　＊

第16回ハワイ大学セミナー・アラモアナ特設ステージでのきものショー

さて、こうして毎年ハワイに出向けば、当然、現地に人のつながりが出来て来る。ハワイの地で出会った忘れがたい人々について、ここで少し書いてみたい。

まず厚い信頼関係を築いたのは、『ハワイ・タイムズ』で編集長を務めておられた日系二世の平井隆三氏だった。

平井氏は、ハワイの日本語紙『日布時事』で長く記者を務めた方であり、ハワイ全域に広い人脈をお持ちだった。戦時中は日系人ということで、強制収容所暮らしも経験した苦労人である。

その平井氏は、我々が「きもの大学」を始めた頃には、『ハワイ・タイムズ』の事務・財務を取り仕切っておられた。一つのイベントを実行するためにはショーの進行打ち合わせから始まって、照明、音響配備、予算作成、宿泊施設や記録写真、ビデオの手配など、数え切れないほど多くの実務が発生する。自然、平井氏とは密な関係を築くことになった。当時、私は年に三、四回はハワイへ飛んで打ち合わせをしていただろうか。その中で、平井氏が、ハワイの要路の人物を次々と私にご紹介くださったのである。

ハワイ大学での客員講師認定書授与式

第 20 回ハワイ大学セミナーでの「ハクビ舞」

その筆頭は、ハワイ州知事を十二年間務められた、ジョージ・有吉氏である。有吉氏とは、知り合って間もない当初にお嬢さんの日本留学の相談を受け、以来、家族ぐるみのつきあいが続いている。その親しさは「親友」と呼べる存在となっている。

実は、ハクビ京都きもの学院では、開校三年目の一九七一（昭和四十六）年より、旧華族・酒井家の当主夫人である酒井美意子先生に学長を務めて頂き、私は理事長として経営を担当していた。私は、有吉知事の大切なお嬢さんをお預かりするに当たっては、この酒井先生にご相談をすることが一番良いのではないかと考えた。すると先生は、

「前田家でホームステイして頂いてはどうかしら」

と、ご提案くださったのである。前田家とは、もちろん、酒井家と同じく旧華族であり、江戸時代には加賀百万石を誇った、あの前田大名家のことである。酒井先生のご実家であり、有吉知事のお嬢さんをお預かりするには申し分のない環境だったため、知事は大変喜んでくださった。こうして信頼を得たことで、長きにわたる有吉知事との友情関係が始まったのである。

1979年、ハワイの自宅にダニエル・井上上院議員をお招きして。（左より）井上氏の母上、ダニエル・井上氏、モーリス・唐松氏、平井隆三氏、著者、部谷高雄氏

ハワイの恩人である平井隆三氏とそのご家族とともに

もう一人、平井氏からご紹介頂いた忘れ得ぬ人物と言えば、ダン・井上こと、ダニエル・ケイ・井上上院議員である。

井上上院議員も平井氏や有吉知事と同じくハワイ生まれの日系二世であり、戦時中はアメリカ軍兵士としてヨーロッパ戦線に従軍、困難な戦闘を戦い抜いて、アメリカの英雄として尊敬を勝ち得ることとなった人物である。

戦後は、ハワイ州選出の民主党上院議員として活躍。その地位は、最後には大統領継承権第三位という最高位まで上り詰められた。私が面識を得た頃はまだ井上氏が駆け出し議員の時期だったが、当時から、その人格にはただならぬものがあると思わされる人物だったのである。

＊　＊　＊

こうして、当初は他校のお手伝い役として参加したはずのきもの大学の活動で、思いがけず、私は、ハワイの最重要人物たる方々と深いつながりを築くことが出来た。実はこの活動にかかる費用――その最たるものは毎回毎回制作する時代衣装制作費であるが

親友であるジョージ・有吉 元ハワイ州知事と（パリにて）

――は、ほとんどがハクビ京都きもの学院持ちであり、金銭面の損得からだけ考えれば、当然、赤字である。

しかし、アメリカの最中枢にもつながる人々と深い絆を得たことは何よりの財産であり、彼らの尽力によってきもの大学は、日米両国の各媒体で大きく取り上げられることとなった。このことが、その後、ハワイやアメリカの枠を越えてハクビ京都きもの学院が世界各国へときものショーを展開していく際の、大きな足掛かりとなったのである。

また、もちろん、「きもの文化を世界に伝える」という、きものに関わる者なら誰もがその意義を認める重要な活動へと踏み出せたこと。この一事は、先生、生徒さん、そして職員……ハクビに関わる全ての人々の士気と誇りとを、最高度に高める力となった。

それだけではない。学院外の方々に対しては、何物にも代えがたい「信頼性」を、黙していても語ってくれる最大の武器となったのである。

こうして海外でのきもの文化交流活動は、着付け技術と並んでハクビ京都きもの学院をきもの業界に凛として際立たせる、大きな柱の一つとなった。

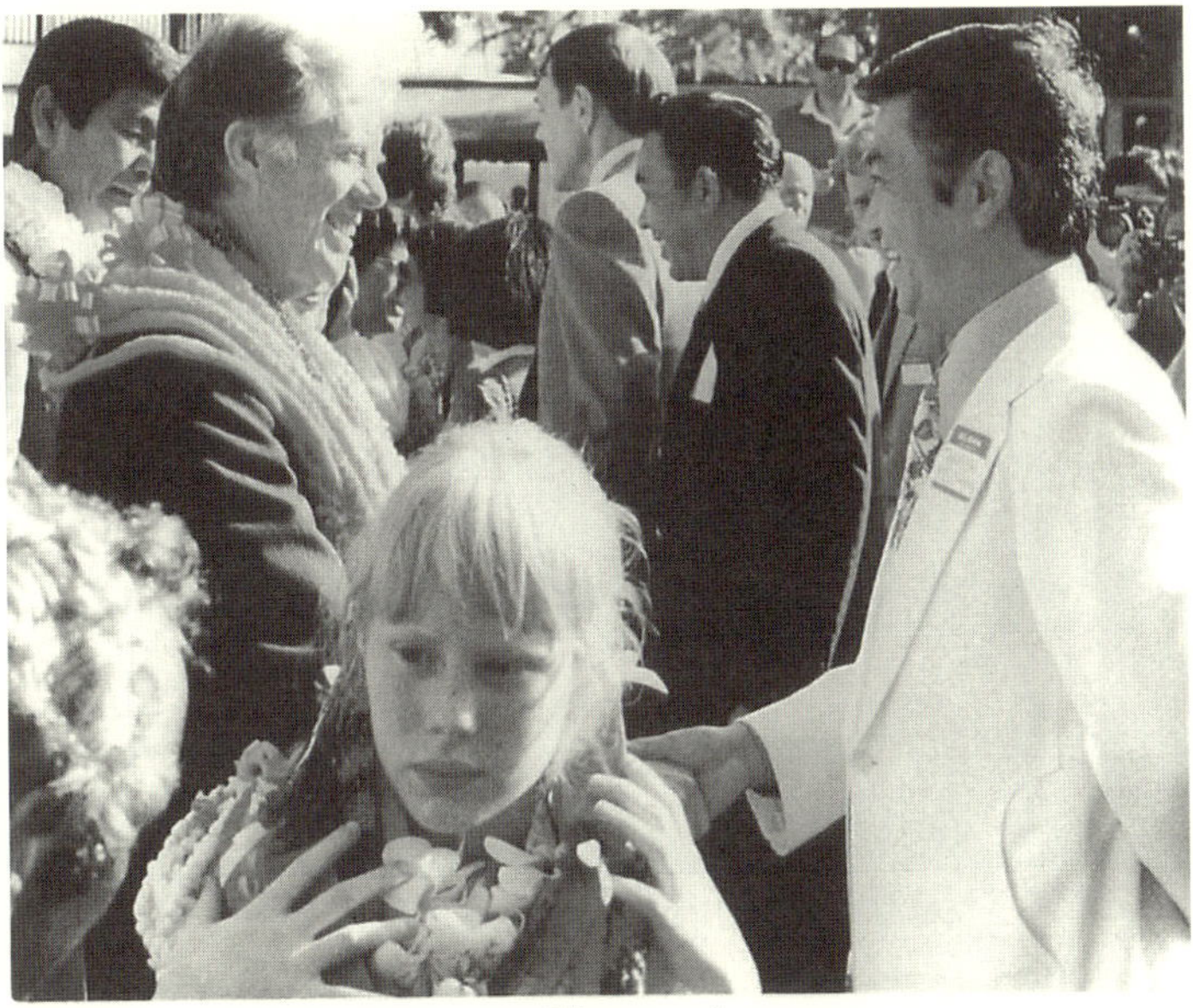

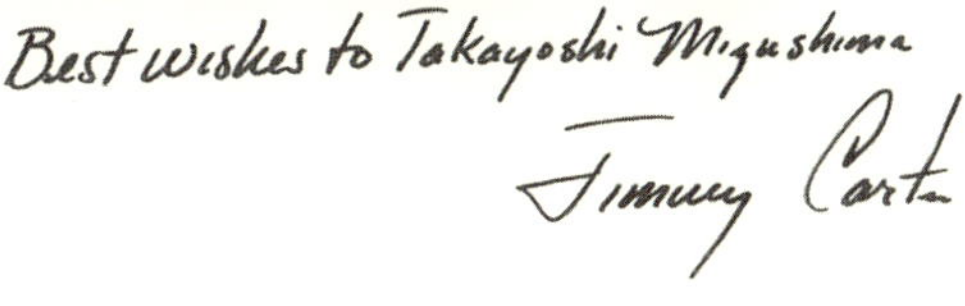
Best wishes to Takayoshi Mizushima
Jimmy Carter

1979年7月ハワイ・ヒッカム飛行場に招かれカーター大統領と握手をする著者。
下は招待状に書かれた大統領直筆のサイン

1979年7月ハワイ州知事公邸にて（左より）ジョージ・有吉州知事、カーター大統領夫人、有吉氏夫人、著者

第二章　パンチボウル墓地参拝 ―平和への希求―

ところで、きもの大学の第一回目の準備のために初めてハワイを訪問した際、私は平井隆三氏から貴重なアドバイスを頂くことになった。そのアドバイスは現在に至るまで、私とハクビ京都きもの学院、そして、民族衣裳文化普及協会の海外文化交流活動に、確固とした方向性を与えてくれるものであった。

「水島さん、ハワイで何事かを成し遂げたいのなら、絶対に尊重しなければならない場所がありますよ。どこだか分かりますか?」

その日、平井氏は私の顔をじっと見つめて訊ねられた。その一言から全ては始まったのであるが、もちろん、当時の私は、ハワイを訪れたこと自体がその時が初めてだったのであり、氏の謎かけの答えは分かるはずもなかった。

「パンチボウル墓地ですよ」

パンチボウル記念墓地での「献花式」（1989 年）

氏は、回答をすぐに示してくださり、今も私はこの日の助言に深い感謝の念を抱いている。一九七一（昭和四十六）年以来四十三年間、四十四回続けてきているハクビ京都きもの学院のハワイでの献花式。そのきっかけとなる言葉だったのである。

＊　＊　＊

パンチボウル墓地。正式名称〝国立太平洋記念墓地〟と名づけられているその墓地は、ハワイ州で二番目の面積を持つオアフ島の、ほぼ中央に位置している。ワイキキビーチからは車で約十五分程の距離である。

パンチボウルとは、フルーツポンチを入れるあのボウルのことだが、墓地に何故そのようなかわいらしい愛称がついているのかと言えば、火山の噴火で出来た高台を利用したその地形が、伏せたパンチボウルに似ているからなのだという。四十七万平方メートルに及ぶ広大な敷地の一角には、太平洋を臨む巨大な女神像と、死者の名を刻んだ記念碑があり、静かに波の音を聞きながら、四万六千名以上もの人々の魂が永遠の眠りについている。

この墓地の大きな特徴は、そこに眠るほとんどの人がアメリカ軍兵士であるということだ。墓地は一九四九（昭和二十四）年に建設され、第一次世界大戦、第二次世界大戦、朝鮮戦争、ベトナム戦争という現代アメリカが参加した主要な戦争で、その命を国のために犠牲にした兵士たちを埋葬している。首都ワシントンにあるアーリントン墓地と並び、アメリカ人にとって、特別な意味を持つ場所であると言える。

＊　＊　＊

ところで、「ハワイの記念墓地」と聞いた時、誰しもまず思い浮かべるのはパールハーバー、真珠湾攻撃ではないだろうか。少なくとも私のような戦中派には、まずその連想が思い浮かぶ。

一九四一（昭和十六）年十二月八日。その後四年間にわたり日本と連合国との間で戦われた太平洋戦争は、正にこのハワイ・真珠湾にあった軍港への、日本軍の奇襲攻撃によって始まった。この日のアメリカ軍の戦死者は、二千四百二名にのぼる。そして真珠

パンチボウル墓地「献花式」にてスピーチをする著者

湾攻撃の戦死者は、全員このパンチボウル墓地に埋葬されているのだ。

他ならぬ我が国の攻撃によって命を落とした人々が眠る墓地――そう聞けば、普通の日本人ならこの墓地に対して、複雑な感情を抱かずにはいられないのではないだろうか。そして、そのような場所を訪れるのはとても心が苦しく、決して行きたくはないという方も、当然いらっしゃると思う。私にパンチボウル墓地の存在を教えてくれた平井氏も、もちろんそのような複雑な感情は理解した上で、この話題を持ち出されたのだった。

しかし、氏との対話を通じて私は、次第にこの墓地を是非とも訪問しようと思うようになった。それは胸の底からふつふつと湧き上がって来る、強い、強い決意だった。

一九四一(昭和十六)年十二月八日、というその日は、私のようにあの戦争を生き延びた人間にとっては、万感の思いを持って振り返らざるを得ない一日である。あの日を起点として日本は明治の開国以来重ねに重ねた無理を持ちこたえられなくなって、破滅への階段を一気に下っていった。

パンチボウル墓地「献花式」

私が愛した少年時代の日本橋。江戸の面影を残したあの美しい街並みも、一緒にその街を駆け回ったなつかしい幼なじみも、近所の、粋で心根やさしいおじさん、おばさんたちも、究極的には、一九四一年十二月八日、あの日の帰結として炎の中に消えていったのだ。

しかし、このようにして戦争の時代を生きた私は、だからと言って決して、親しい人々の命を奪ったアメリカを恨みに思っている訳ではない。

戦争とは、命を奪い、奪われることである。日本とアメリカだけではない。第二次世界大戦の当事者だった全ての国々で、人々は私と同じ悲劇を体験した。そのことを思う時、だからこそ私は、アメリカ人兵士が眠る墓地を訪れようと心に誓った。「私の国が奪った命を弔う」という最も胸の痛みを伴う行動を通じて、戦争が奪った全ての命を弔う。そして、二度とこのような悲劇を繰り返さないと誓う。それが、私がパンチボウル墓地訪問に託した意志だったのだ。

＊　＊　＊

——以来、四十三年間。私とハクビ京都きもの学院訪問団のパンチボウル墓地献花式は、一年も欠かすことなく続いている。この活動はハワイの人々の心にも大きな共鳴を呼び起こしたのだろうか。今では私たちが記念碑に到着するや、アメリカ軍付属の音楽隊が儀仗演奏を奏で、毎回、国賓級の待遇で出迎えて頂いている。

その時、私たち訪問団は、もちろん、全員きものを着用している。多民族国家アメリカにおいても、一目で日本人と理解される、きもの。民族のシンボルであるこの衣裳を身にまとい、相手国との痛みを伴う歴史に弔意を捧げる。私たちの思いもきものを着ていたからこそ、より深くアメリカの人々に伝わったと思うのである。

コラムⅥ

平和のシンボル、きもの
――或る米国人老夫婦との出会い

一九九一（平成三）年、四月、私はパンチボウル墓地に立っていた。一九七一（昭和四十六）年に献花式を始めて以来二十回目の春であり、総勢六百名ほどのハクビ訪問団を率いての献花式だった。

その日、献花を終えると、米国人の老紳士に話しかけられた。傍らに夫人を伴ったその人は羽織袴姿の私をじっと見つめ、何故日本人がここで献花をしているのかと心底不思議そうに訊ねられたのである。

私は心を込めて言葉を返した。私自身の戦争体験と、平和への思い。これまでに二十年間、献花式を続けて来たこと……。すると紳士は引き取るように、ご自身の話を始められた。お二人は息子さんを朝鮮戦争で失い、その息子さんはここパンチボウル墓地に葬られている。折に触れて二人でこの地を訪れているということだった。

その言葉を聞いた時、私は心から伝えずにはいられなかった。太平洋戦争の終結以来、日本は平和を守って来た。しかしそれは決して日本一国で成し遂げられたことではなく、アメリカと同盟し、アメリカによって守られて来たからこその平和だったのである――そのことを、多くの日本人は理解しているし、感謝もしている。だからこそ私たちはここでその感謝の思いも込めて、献花式をしているのだ。あなた方の息子さんの死は決して、〈not in vain〉無駄ではなかったのです――そのように、私は老夫婦にお話ししていた。

＊　＊　＊

その後、日本に帰国してから、私は思いもかけないニュースを受け取った。私があの日出会った紳士はハワイ州の州議会議員であり、パンチボウル墓地でも私の手を取り「あなたの言葉に深い感銘を受けた」と語ってくれていたが、その思いをペンに持ち替え、新聞に寄稿してくださっていたのだ。私のもとへと一部送られて来たその記事は非常に格調高い文体で綴られており、議員の深い教養と高潔な人格をうかがわせていた。

そして、更に思いがけないことに、墓地で生まれた我々の縁は大きな広がりを見せる。新聞記事をきっかけにハクビの献花式がハワイ州の人々に広く知られることとなり、議会で表彰までも受けることになったのである。

もちろん、私たちの活動は、報道や表彰を目的として始めたものではなかった。しかし、アメリカの人々の心に我々の真心が伝わったのであれば、これほど嬉しいことはないではないか。議員は、その寄稿文の中で、私たちが当日着ていたきもののことを〈symbol of peace〉と書いてくださっていた。これもまた、きものが結んでくれた縁だったのである。

第三章　民族衣裳文化普及協会設立へ
―三笠宮妃百合子殿下とともに―

　こうしてハワイでのセミナーきもの大学の回を重ねる中、あるお話を頂くことになった。それは、ハクビ京都きもの学院の名誉顧問であり、きもの大学のために山科流お家元のご紹介も頂いた、あの京都御所の石川忠先生からのご提案だった。

　石川先生は、平安装束の着付け技術である衣紋道の行く末を大変心配しておられた。衣紋道には山科流と高倉流の二つの流派があるが、当時どちらの流派も台所事情は芳しくなく、放っておけば平安時代以来八百年近い歴史を有する衣紋道の故実が、消滅してしまう危険性があったのである。

　確かに、着付けや和裁とは違い、衣紋道は日常生活とはあまりにもかけ離れたものであり、学びたいという人はごく少数だった。今でこそ高倉流はスクール化されて発展しているが、当時はまだ難しい段階にあり、また、戦後、華族制度が廃止されたために儀式で装束を着用する方の数も減り、衣紋道は正に風前の灯火にあったのである。石川先生はこの状況に対して非常な危機感を持っていらっしゃった。

「この技術が廃れてしまうのは何とも惜しい」

と、先生はある時、私を呼び出して熱心に語りかけられた。

「ハクビ流でも何でもいいから、何とか平井先生から山科流の装束着付け技術を引き継いでくれないか。そして次の世代へと渡していってくれないか」

「……分かりました」

この日のお話をきっかけとして、私は石川先生と議論を重ねることになった。そして最終的に、利益追求を目的としない財団法人という形態が、この事業には最も適していると判断するに至ったのである。財源としては、ハクビ京都きもの学院と私・水島個人が寄付を行い、ハクビ京都きもの学院とはまた違った組織として、きもの文化の発展に貢献する団体を創設することとなった。

その設立目的は、世界に冠たる衣裳文化である我が国の民族衣裳について、染め、織り、文様、造形などの知識を、広く国内外に普及すること。そして、これらの技術の伝承、研究、普及に携わる人々の努力を顕彰することとした。

そもそも財団設立のきっかけとなった、山科流衣紋道の伝承もこれらの活動の中にもちろん含むが、それだけにとどまらず、広く染め・織りの技術全般の伝承と普及を目的に掲げた格好だった。

また、それまでハクビ京都きもの学院として実績を築いて来たハワイでのきもの文化交流活動も、今後は財団として、ハワイにとどまらず世界のどこへでも出て行こう。そう、決意を固めたのである。

こうして、一九七七(昭和五十三)年、財団法人民族衣裳文化普及協会は発足の日を迎えることとなった(現在の名称は一般財団法人民族衣裳文化普及協会)。

＊　＊　＊

ところで、ここで、財団設立以来、名誉総裁を務めてくださっている三笠宮妃百合子殿下との交流についてお話をしてみたいと思う。

1982年、三笠宮妃百合子殿下にご進講

「民族衣裳文化功労者表彰式」にて三笠宮妃百合子殿下と著者

民族衣裳文化普及協会の設立に当たり、妃殿下に名誉総裁就任をお願いしてみようという提案は、これも石川所長から頂いたものだった。財団法人は利益追求を目的とせず、公益のために活動する団体である。その活動に関わって頂く方々の士気を高めるものとして、宮様以上のシンボルはないのではないか。それが石川所長のご意見であり、もちろん私もその通りと全面的に賛成するものであった。そこで、御所でのお仕事を通じて三笠宮家とつながりの深い、石川所長から名誉総裁就任をお願いして頂くこととなったのである。その後間もなく妃殿下から快諾を得たのは、私の人生において最大の慶事の一つであった。

実は、それまでにも、百合子妃殿下には着付けについてご進講を差し上げたことがあった。大変名誉なことに、ハクビ京都きもの学院では一九七一（昭和四十六）年の常陸宮妃華子殿下へのご進講に始まって、三笠宮家、秩父宮家各宮家へ着付けのご進講を差し上げていた。中でも百合子妃殿下はとりわけ深くきものを愛され、また、我々の財団の構想がどのような政治家からの紐付きでもなく、ただ純粋に、きもの文化の伝承に尽くしたいという思いから出ていることをご理解頂けたようだった。これらのことが相俟って、名誉総裁就任をご快諾頂けたのではないかと思っている。

こうして妃殿下のお力添えを賜ることが決まり、以後、三笠宮家にはたびたびご進講を差し上げる機会があった。このことも、学院の名誉としてここに付記しておきたいと思う。

そう、一人百合子妃殿下だけではなく、そのお子様方や信子妃殿下、また、現在ご活躍の彬子妃殿下など、お孫様方の御代にも、ハクビでは着付けや十二単についてご進講を差し上げている。特に一九八五（昭和六十）年のご進講ではハクビ舞をご覧頂いたことも、大きな思い出となっている。

＊　＊　＊

さて、妃殿下に名誉総裁就任をご快諾頂いた後、私は赤坂御用地内の三笠宮邸へ伺い、財団の設立主旨についてご説明差し上げる機会を得た。実はその時点で私の頭の中にあったのは、山科流衣紋道をはじめとする日本の伝統染織技術全般の継承と、海外までを含めた普及という、この二つの構想のみであった。しかし妃殿下にお話したところ、これらに加えて、染織技術の継承と普及に特に功績のあった人々にスポットを当て、表彰する活動をしてはどうかというご提案があったのである。

もちろん、日本には、既に国が認定する人間国宝という制度があった。しかし、たとえそこに選出されなくても、同等レベルの高い技術を有する染織技術者は多数存在する。人間国宝ともなれば作品にも高値がつくから良いが、それ以外の技術者、つまり染織職人の中には、きもの人口の減少で食べていけず廃業する人もいると聞く。どうにかしてその人たちに光を当てるようにしたい、というのが妃殿下のお考えだった。正に、日本の染織工芸とそこで働く人々への、深いまなざしにあふれたお言葉であり、私は感激しきりだった。

そして、妃殿下はまた、具体的な選抜方法をも我々に示してくださった。新聞主要紙やテレビ各局は、全国に支社を置き、取材網を持っている。彼らに毎年候補者を推薦してもらうのが良いのではないか。

これもまた非常に理にかなったご意見であり、民族衣裳文化普及協会では現在までも、主要媒体各社に協力して頂き、候補者の選抜を行っている。

こうして、民族衣裳文化普及協会の設立趣旨に、この章の最初でもご紹介したように「日本の伝統染織技術の伝承、研究、発展に携わる人々の顕彰」という新たな一項が加わった。これは全く、百合子妃殿下の卓越したご発案によるものなのである。

＊　＊　＊

その後、妃殿下には、財団設立後二年目から毎年明治記念館で開催している〝民族衣裳文化功労者〟表彰式にご臨席頂くこととなった。表彰式の前には控室でお話をすることも恒例となっているが、その嬉しいひと時に、実は私は毎年まるで有職故実のように、同じ一つのことをお話していることを、ここでご紹介したい。

その話とは、民族衣裳文化功労者表彰は、単に私たちの財団が行うからだけではなく、百合子妃殿下から、つまり、日本人の心のよりどころである皇室の方による表彰であるからこそ、重みを増しているのです、という一事だった。これは、私が毎年受賞者の方

第２回「民族衣裳文化功労者表彰式」記念写真（1980 年２月）

第３回「民族衣裳文化功労者表彰式」記念写真（1981 年４月）

とお話をして実感することであり、それをただそのまま申し上げているのだが、そうすると妃殿下はまるで今年初めて聞いた話だというように、

「じゃあ、お役に立っているのね」

と、微笑みながらおっしゃるのである。おそらく心の中では、「水島がまた今年もあの話をするわね」と思っていらっしゃるに違いないのに、である。百合子妃殿下とはこのように、心からお優しく、温かいお心の方なのである。

そんな百合子妃殿下も九十代のご高齢となられ、近年では外出を控えられることが多く、残念ながら表彰式へのご臨席は得られなくなってしまった。しかし、妃殿下は不動の名誉総裁として、私たち民族衣裳文化普及協会と、協会が表彰した全ての受賞者の心の中に、永遠に美しいきもの姿で微笑んでおられるのである。

第四章　日本文化を伝えるために何をすれば良いか

―四十四年間の海外文化交流活動で見つけたもの―

こうして発足した民族衣裳文化普及協会は、ハクビ京都きもの学院に続いて、ショー形式での海外でのきもの文化交流活動に進出した。その実施回数は、今日まで、実に通算六〇回に上る。全て、文部科学省や文化庁、或いは在外日本大使館からの依頼によって行っているものであり、正に国の代表としてきもの文化交流の大役を担うこととなったのである。

もちろん、この他に、ハクビ京都きもの学院単体で行っている海外ショーもあり、これまでに私が関わった海外での文化交流活動の累計開催数は、もう詳細が分からなくなってしまっているほどだ。おそらく、一四〇回ほどを数えているものと思う。

そして、こうして海外ショーの経験を数々蓄積する中で、我々は、海外の方の興味を上手く惹きつけつつ日本文化の優れた点を説明するために、幾つかの工夫が必要になることを学んでいった。この章ではその要点についてお話しようと思うが、それは決してきものショーのみに通用することではなく、海外に日本文化を紹介しようと考える全ての方に有用であると考えている。是非参考にして頂ければ幸いである。

＊　＊　＊

さて、海外できものショーを開催する場合、まず一番に考えなければいけないのは、当日来て頂く多くのお客様にとって我々のショーが、人生で初めてきものを目にする機会であるということだ。つまりそれは、帯という概念すらない方々にきものを見て頂くということであり、その方たちにただ物見遊山で終わらせず、或る程度きものの本質を理解して頂くためには、一方的に我々が見せたいものを見せるようなやり方では全く足りない。まずこのことを肝に銘じなければいけないのである。

では、どうすれば良いのか。長年の経験から私たちは、何かしら分かりやすい、相手に共感を持ってもらえるアイコンをショーに取り込むことが、最初の取り掛かりとして大切だと考えている。

例えば、次の写真ご覧頂きたい。これは、一九九七（平成九年）年にカナダのトロントのショーで披露したきもの姿で、帯を、カナダ国旗に使われている植物、メイプル（カエデ）の葉の形に結んでいる。カナダ人にとってメイプルの葉は正に国のシンボルであるから、この帯が登場したとたんに会場はわっと湧き立ち、その心は一気にこちらへと好意的に流れ出す。同時に、「帯ってどういうものなんだろう？」「どうしてこんなことが出来るのだろう？」と興味を持ってもらう「つかみ」になるのだ。このような小さな工夫が、海外で日本文化を紹介する際には非常に重要になる。

そもそも根本的に、海外では、まずは共通性を強調した方がいいと私は考えている。「日本文化はこんなにオリジナルで、こんなに個性的です。あなた方の文化とは違いますよね」と違いを主張するのではなく、まずは「こんなところが皆さんの文化と共通していますよね」とお見せする。そうやって親近感を持ってもらった方が、回りまわって後から日本独自の部分について語った時も、ぐっと理解して頂きやすくなる。それが、

1997年（平成9年）トロント大学・きものショーにて披露された帯結び「カナダのかえで」

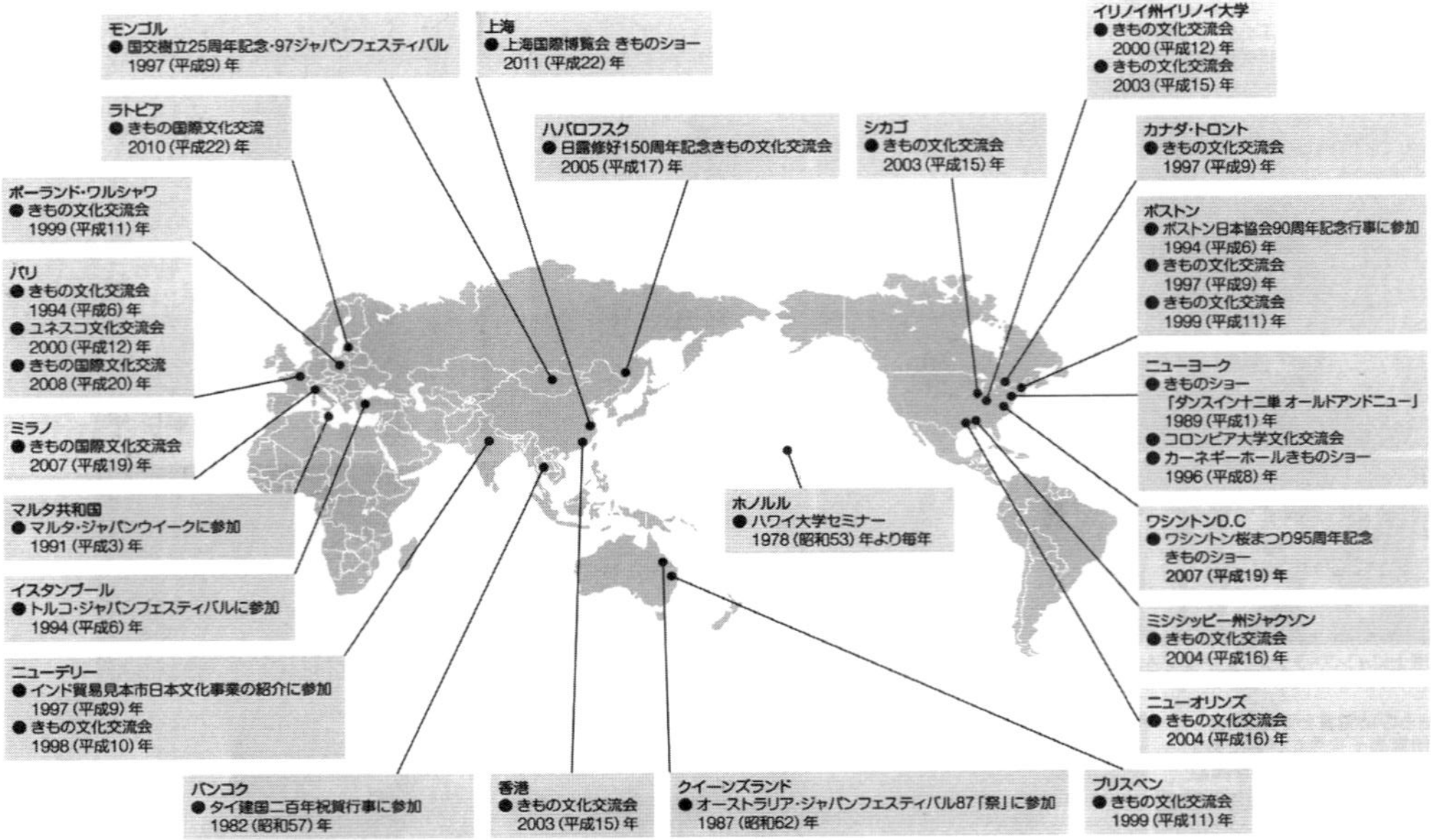

モンゴル
● 国交樹立25周年記念・97ジャパンフェスティバル
1997（平成9）年
ラトビア
● きもの国際文化交流
2010（平成22）年
ポーランド・ワルシャワ
● きもの文化交流会
1999（平成11）年
パリ
● きもの文化交流会
1994（平成6）年
● ユネスコ文化交流会
2000（平成12）年
● きもの国際文化交流
2008（平成20）年
ミラノ
● きもの国際文化交流会
2007（平成19）年
マルタ共和国
● マルタ・ジャパンウイークに参加
1991（平成3）年
イスタンブール
● トルコ・ジャパンフェスティバルに参加
1994（平成6）年
ニューデリー
● インド貿易見本市日本文化事業の紹介に参加
1997（平成9）年
● きもの文化交流会
1998（平成10）年
バンコク
● タイ建国二百年祝賀行事に参加
1982（昭和57）年
上海
● 上海国際博覧会 きものショー
2011（平成22）年
ハバロフスク
● 日露修好150周年記念きもの文化交流会
2005（平成17）年
香港
● きもの文化交流会
2003（平成15）年
クイーンズランド
● オーストラリア・ジャパンフェスティバル87「祭」に参加
1987（昭和62）年
ホノルル
● ハワイ大学セミナー
1978（昭和53）年より毎年
シカゴ
● きもの文化交流会
2003（平成15）年
イリノイ州イリノイ大学
● きもの文化交流会
2000（平成12）年
● きもの文化交流会
2003（平成15）年
カナダ・トロント
● きもの文化交流会
1997（平成9）年
ボストン
● ボストン日本協会90周年記念行事に参加
1994（平成6）年
● きもの文化交流会
1997（平成9）年
● きもの文化交流会
1999（平成11）年
ニューヨーク
● きものショー
「ダンスイン十二単 オールドアンドニュー」
1989（平成1）年
● コロンビア大学文化交流会
● カーネギーホールきものショー
1996（平成8）年
ワシントンD.C
● ワシントン桜まつり95周年記念
きものショー
2007（平成19）年
ミシシッピー州ジャクソン
● きもの文化交流会
2004（平成16）年
ニューオリンズ
● きもの文化交流会
2004（平成16）年
ブリスベン
● きもの文化交流会
1999（平成11）年

主な海外文化交流地図

私たちが長年の経験からたどり着いた成功へのレシピなのだ。

だから、海外でイベントを行う場合は、相手の国のことをよく学ぶことが欠かせない。自分の国の文化を紹介するにも関わらず、実は深く相手を研究し、何が彼らのスタンダードであるのか、何が使えそうか、リサーチすることが必勝の策となるのだ。

例えば、もしもシルクロードの国でショーをやるのなら、かつてシルクロード経由で日本に入った有職文様の帯をショーに取り入れてみる。ヨーロッパの国で開催する場合は、西洋の人に分かりやすいように、例えば羽織をガウンと訳してみる。日本と技法的に近い絣織りの布を持つアジアの国での開催ならば、まずはその絣からショーを始めてみる……このような「親近感の醸成」が何よりも肝要である。これまでの経験から、民族衣裳文化普及協会でもハクビ京都きもの学院でも、先生方はこの「親近感の醸成」の重要性をよく理解してくださっていて、今では私が何も言わなくても自ら動いて相手国の研究を始めてくれる。これは本当に頭の下がることであり、そう言えば、先述のカナダのメイプルの葉の帯も、一人の先生の発案から生まれたものだったのだ。

＊　＊　＊

さて、海外で日本文化の紹介普及活動を行う場合、もう一つ有効なやり方は、誰もが知っている日本についての知識、例えば、忍者や富士山といった分かりやすいアイコンを、まずはぽんと観客の前に差し出す。そこから話を進めて行くという方法だ。この方法を、私は、トロント大学の日本古典文学教授ケネス・リチャード先生から学んだ。

教授と出会ったのは、正にメイプルの葉の帯を披露した、トロント大学でのきものショーでのことだった。日本文化を心から愛する教授は、自ら買って出て当日の解説を担当してくださることとなり、その説明は抜群に分かりやすく、面白く、あっと言う間に聴衆の心をつかんでしまった。私たちハクビの訪問団もそのあまりの見事さに、一瞬にして教授のファンとなってしまったのだった。

例えば、教授は、帯について説明する際、まずこんな風に話を始める。

「皆さん、日本文化について、知っていることって何でしょうか？　富士山ですか？

それとも食べ物？ そば、うどん、寿司？ ハローキティはどうですか？ 結構色々とありますよね。で、こういったものよりはちょっと地味ではあるのですが、折り紙。折り紙のことも、皆さん何となく聞いたことがあるんじゃないですか？ ちょっと調査してみましょうか？ 会場の中で、知っている方はどのくらいいますか？ 手を挙げてみてください」

と、こんな風に教授は問題を提起する。するとやはり場内のかなりの人が折り紙を知っていることが分かって来る。そこで教授は続けるのだ。

「折り紙って、この紙を、こうこうこんな風に折って、こう折って、それから次にこう折って……もう何でも作れてしまいますよね。帯もね、これと同じなんです。どんな形だって作れてしまうんですよ」

——このように説明すると観客はぐっと引き込まれ、難しい説明抜きで、帯というものの本質を瞬く間に理解してしまうのである。

リチャード教授のこの方法は、真に優れていると私は思う。カナダの人にとって全くなじみのない帯をいきなり前に出して来て云々かんぬんと説明しても、おそらくその内容の三分の一も、頭には入らないだろう。それよりも、まずは彼らになじみのある日本アイテムを提出して心理的なクッションとし、そこからジャンプを試みる方が全てにおいて無理がないのである。

＊　＊　＊

最後にもう一つ、海外の人の心に分け入るための方策として、ご紹介したい方法がある。それは、人間にとって普遍的な事実を使い、日本固有の事柄を説明するというやり方である。これもとても有効な方法だと私は考えている。

例えば十二単を説明する際に、折々にこんなトークを挟み込むようにすることは大変有効だ。

「皆さん、十二単について、これまで色々説明をして来ましたが、一体この装束を全部着込んだら、何キロあると思いますか？ 千年前の日本の貴族の女性たち、何キロの服を着ていたのでしょう？」

こんな風に問いかけると、服飾史がとたんに自分の身体感覚の問題に落ちて来るから、場内はわっと色めき立つ。

或いはこんな話をする。貴族の女性が牛車に乗る時、

「髪の毛がとてもとても長いから、体は牛車に乗っても髪はまだ、部屋の中に残っていたんですよ」

このような話も状況が生き生きと目の前に浮かんで来て、いかに髪が長かったか、そしてその髪の長さが女性たちの行動にどう影響していたかが、実感として理解されるのである。このようにして聞いた話は深く記憶に残るし、「今日は面白い知識を得た」と満足して帰って頂けることになる。もちろんその前に、服飾史上の基礎知識はしっかりと説明していることが前提だ。その上で、このようなスモールトークを織り交ぜることが、学問的知識と聴衆とをしっかりと結びつけてくれるのである。

やはり、分かりやすくすることが大切であり、しかし、本質を変えてしまってはいけない。

崩すのではなく、工夫することで、本質を伝えていく。

これが我々の目指すところであり、この方法はひとえにきものだけではなく、世界に日本を伝えようとするどんな場合にでも、通用すると考えるのである。

＊　＊　＊

ところで、このような考えのもとに我々が開催して来たきものショーは、では、海外で、実際どのように受けとめられて来ただろうか。

実は、きものショーを開催すればするほど感じるのは、日本人が想像する以上に、きものが世界各国の人々に与えるインパクトは強いということである。

例えば二〇一〇（平成二十二）年にラトビア共和国で、大統領来席のもとでショーを行った時には、長内敬・駐ラトビア大使にこのように驚かれた。

「おかしいな、大統領が、三時間も一つの場所にいるなんて。いや、信じられません……あんなお忙しい方が……」

大使の話では、国務で多忙を極める大統領は、通常どんな会合や式典であっても、会

ヴァルディス・ザトレルス ラトビア共和国大統領との記念写真

場にとどまるのは二十分程度。それを過ぎるとさっと姿を消すのだそうである。ところが我々のショーの際には、最初から最後まで席を立つこともなく、三時間、プログラムの全てを鑑賞して頂いた。そしてフィナーレには心から熱意のこもった拍手を贈ってくださったのである。警備の方、そして大統領と面会をしたいと待っていた関係者の方々は予定が大幅に狂って困っただろうが、それほどまでにきものが大統領の心を捉えたということだろう。

実は、このような掛け値なしの賞賛は、この時だけにとどまらない。

例えば、二〇〇八（平成二十）年、パリのピエール・カルダン所有の劇場で行ったショーの際には、当時のフランス文部大臣から非常に印象的な言葉を頂いた。その方は、「このショーを見ていて、私はフランス人として何だか恥ずかしくなりました」と話しかけて来られたのである。驚いてどういうことかと訊ねてみると、

「日本人が、十二単のような、複雑且つ繊細な服飾美を楽しんでいるその同じ時に、私たちの祖先はまだ海賊で、粗末な服で海を乗り回していたんですからね」

そうおっしゃるのである。そして大臣は更にこうも付け加えた。

「私が更に感心してしまうのは、この衣裳文化を日本人が今も、当時そのままに保存し続けていることです。千二百年前と同じ着装法が代々しっかりと伝わって、二十一世紀の今であっても正確に再現出来るなんて……。だって、日本は決して、千二百年間ずっと平和だった訳ではありませんよね。内戦も、他国との戦争だって経験しているのに……それでもどんな時代でも、自分たちの伝統を伝え残そうとしてきた。その心持ちが、何よりすごいことだと思うんです。しかもそれを現代の皇族が、儀式の時に着用しているんですよね？　古文書の中の記録ではなく、生きてそのスタイルが活用されているなんて……全く、全てが驚愕の対象です」

――一つ一つ挙げているときりがないため、特に印象深かったこの二つの賛辞にとどめておくが、このような手放しの賞賛を、これまでに本当に、数限りなく受けて来ている。

海外の人を感動させるのは、第一に、上述のフランス文部大臣の言葉にあるように、日本人が綿々ときもの文化を守り抜いているという、この一事である。十二単や束帯は

1977年、パリ・カルダン劇場でのきものショーの折にピエール・カルダン氏と

2008年の同劇場でのきものショーにおいて再会を喜ぶカルダン氏と著者

皇室関係者が着用する特別な衣服だが、一般的なきものなら今でも街の中で普通に着ている人がいるのであり、その事実が、海外の人、特に欧米人を感動させるのだ。

また、多くの人が賞賛を惜しまないのは、日本人の色彩感覚である。特に「襲」の色目の概念は他国に見られないオリジナルなものであり、

「リバーシブルならよくあるし、また、様々な模様を楽しむ文化も世界中どこにでもあるけれど、衣服を重ねた状態で楽しむとは……！　何て斬新な感覚なのだろう」

と、驚きを持って受けとめられる。

特にその襲の色目が、世界でも類を見ないほど四季の変化に富んだ日本のこの風土を慈しんで取り込むように、一つ一つ、それぞれの季節のうつろいに対応して数百種類を数えることを知る時、世界の人々の驚きは頂点に達する。いつも会場に息を呑むような感動が巻き起こる、その様子を見るのは、実は私のひそかな楽しみでもあるのだ。

本当に、こうして海外の人々に向けて「きものを伝える」活動に携われたことは、何と幸せなことであるだろうか。感動に包まれた会場で、私は更に次のように解説を続け

2000 年「ユネスコ文化交流会」パリ・シャンゼリゼを歩く

ていく。

「これからご紹介するこの襲の色目は、秋の襲です。と言っても、秋真っ盛りの秋ではありません。皆さん、ボストンからニューヨークへ飛行機で旅行をされると、同じ銀杏の木でも、ボストンとニューヨークでは、葉の色が違うことに気づきますよね。同じ樹木でも同じ日でも、土地々々の風土が違うから紅葉の濃度に差が出ている訳です。

ところで、これは土地から土地への話でしたが、一つの土地での木々の紅葉を考えても同じことが起こる訳です。四季はいつも、ここから夏、ここから秋と、割り切って独立している訳ではありません。四季とはうつろい行くものである。これは、日本人の思想の根幹を成す考え方です。そしてこの襲は、うつろいそのもの、紅葉の葉が緑から赤へとうつろっている、その状態そのものを表しているのです」

このような解説を行った時に、場内に巻き起こる更に深い感動。鳴りやまない拍手とスタンディングオベーションを、何度も経験して来た。もちろん、私個人が拍手を浴びているのではなく、日本人の美意識が世界の賞賛を受けるのだ。これ以上の誇りがあるだろうか。

松浦晃一郎駐仏特命全権大使ご夫妻とパリの日本大使館公邸にて（松浦大使は 1999 年より
ユネスコ事務局長に就任された）

結局のところ、世界の人々を最も驚かせ、最も心を捉えるものの核は、日本人の繊細さではないかと私は考えている。先の〝紅葉の襲〟の事例に見られるような、自分を取り巻く風土の細やかな変化に気づくことの出来る感受性。或いは、〝雪の下の襲〟のように、植物が枯れ果て寒さに震えるやつしの風景にさえ、美を見出す鋭敏さ。これこそが日本人のオリジナリティであると、私は確信している。

そして日本人は同じ細やかさで、自らのその感覚を布の上に表現しようと飽くなき追求を試みて来た。日本の衣裳文化に見られる、息を呑むほど微妙な布の色合いや、精緻をきわめた織りや刺繍、組紐の技術。この染織工芸の奥深さは、どれほど語っても語りつくすことが出来ない、世界最高水準にあると断言出来るのである。

＊　＊　＊

しかし、日本人として、残念に思うことも、一方にまた存在する。明治の開国以降ごく最近までのことになるが、世界を圧倒し続けて来た西洋文明の科学技術と軍事技術のパワーに押され、日本人が、自らの文化にまで自信を失ってしまったように思えることだ。特にきものについては、第一部でも述べたように、戦前までは何とかもちこたえて来たもののその後は雪崩を打ったように、洋装化へと拍車がかかってしまった。

しかし、だからと言って、日本人が本来持っていた服飾に関する美意識や技術力が、欧米に比べて劣っている訳ではないことは明らかである。欧米の美意識も日本の美意識も、どちらにもそれぞれの優れた点があり、優劣をつけることなど出来ないのは自明のことだろう。単純に十八世紀後半からの数百年間は、科学技術力と軍事技術力のパワーで欧米が世界を圧倒した、その余波が服飾の世界にも影響を与えているだけのことなのだ。

「欧米コンプレックス」という言葉、或いは意識は、今も根強く我々の中に残っているが、その欧米連合軍に無残に破壊されたあの東京の焼け跡に立った者として、だからこそ私は、日本人がもう一度、自信を持って自国の衣裳文化を愛し、慈しみ、そこから更に自国の文化を愛する道筋に貢献したいと思う。それこそが焼け跡に生き残った者と

パリ・ユネスコ本部でのきものショー

しての責務であると、深く受けとめているのである。

先にも書いたように、私が海外でのきもの文化交流活動に参加するようになったのは、たまたま声を掛けられたからであり、最初から深い考えがあった訳ではない。けれど、偶然に始まったその機会に真剣に取り組む中で、改めて、我々が遠い祖先から綿々と受け継いで来たこの日本の染織文化の粋を発見し、誇りに思い、更にそれを伝えていけることに、今、最大級の意義を見出しているのである。

コラムⅦ〈思い出の人③〉

マンスフィールド大使の思い出

マイケル・マンスフィールド駐日米国大使とは、上院議員ダン・井上氏の紹介によって知己を得た。井上氏は、我々のハワイでの献花式やきもの大学の活動に大いに共感を抱いてくださり、マンスフィールド氏の大使就任が決まると、「ミズシマは信頼出来る男だ。日本に行ったらまず連絡するといい」と勧めてくださった。これが私と大使とのご縁の始まりとなったのだ。

そして、律儀な井上氏は私の方にも、

「マンスフィールドに君のことを話しておいたよ」

と伝えてくれていたのだが、そうは言われたもののまさか私も、大使が日本に赴任したその日に連絡をくれるとは夢にも思わなかった。誰だって、大使赴任のニュースをテレビで眺めたそのすぐ後に、まさか本人から電話がかかって来るとは思わないだろう。本当に、何かの冗談ではないかという気がしたものだった。

そして、その電話の後、我々は早速食事をする機会を持ったのだが、出会った瞬間から何か互いに気持ちが通じ合うような、親しい感覚が二人の間に生まれていた。馬が合うとはこのことだろうか。以来、互いの家族を含む長い友情が続くことになった。

＊　＊　＊

私の考えでは、マンスフィールド大使とは、誠実の人である。一旦相手を信頼したら徹頭徹尾その信義を貫き、更に、言葉や行動でも信義の思いを表現する。いったい、私は何度、大使主催の晩餐会に招待を受けただろうか。時には皇族の方々だけが集まる食事会に招待くださることもあったし、また、経団連会長やソニーの盛田会長など、財界の錚々たるメンバーが集まる会に招待を受け、何か気の引けるような思いさえすることもあったほどだ。

しかし大使は、自分が信頼を寄せた人物同士であれば、必ず良いハーモニーが生まれると信じて疑わない。我々一人一人にそのような強い信頼を置いてくださるのである。

振り返れば、一九八一（昭和五十六）年、アメリカの原子力潜水艦が日本の漁船に衝突し、二名の日本人が命を落とすという不幸な事故が発生したが、その際に、大使は深々と日本国民に向けて頭を下げられた。あの折の礼節あふれる態度にこそ、正に大使の全人格が現れているのである。

1978年6月、駐日米国大使公邸に招かれた折にマンスフィールド大使と。大正時代の貴重な組紐を大使館に贈呈した

そんな大使は、私との交際からきものにも強い関心を抱いてくださり、歴代の大統領が来日した際には、張り切ってきもののご説明をするのを常としていた。

そのために、私は必ず羽織袴姿で会場に参上し、すると大使は頃合を見計らって私を大統領の前へと連れて行き、これが袴というものでこれが羽織で、羽織裏はこのように華やかなのです、と、いかにもきものの全てに精通しているように、得意満面で解説するのだ。時には前日に電話があり、明日はどんなきものを着て来るのか、と、事前調査が入ることもあった。まるで母親に向かって得意の教科の説明をする小学生のような、そんなかわいらしい一面も大使にはあったのである。

＊　＊　＊

＊　＊　＊

さて、マンスフィールド大使は、私が突然の電話を受けて驚愕したその日から、足掛け十一年間もの間日本大使を務められた。これはひとえに大使がその人柄によってあまりにも多くの日本人を魅了したため、本国アメリカで政権が変わっても「マンスフィールド以上に最適の人材なし」と、異例の長期間の在任が続いたためである。

その大使が一九八九（昭和六十四）年、いよいよ離日する際、私は夫妻に何か日本の記念となるものをお贈りしたいと考えた。そして熟考の末に選んだのが、貝合わせの一揃いであった。

ご存知のように、貝合わせとは、夫婦和合を象徴する平安以来の雅やかな道具である。夫妻にその由来をお話しすると二人はぱっと目を輝かせ、特に夫人は大いに気に入ってくださったようだった。

そして、これは私も知らなかったことなのだが、最晩年、夫人が体調を崩して病院に入院された時も、わざわざ病室にその貝合わせを運んでベッドの傍らに置き、繰り返し繰り返し手に触れてくださっていたというのである。

マンスフィールド大使ご夫妻

そのことを、夫人亡き後、大使が私に手紙で知らせてくれた。その時、既に大使も死の病に巣食われており、もうペンを持つことも苦しかったのだろう、手紙は自筆ではなくタイプで打たれたものだった。それでも、最後に、ここだけはと言うように必死の力を込めて書かれた、歪んだ「M」というサインを見た時、私はあふれる涙を抑えられずそっと手紙をたたんだ。マンスフィールド大使は、最後まで、誠実の人だったのである。

第五章　染織を支える人々を支える
―民族衣裳文化普及協会の顕彰・継承活動について―

民族衣裳文化普及協会の活動目的は、日本の伝統染織文化の伝承と普及。そして、それらの活動に貢献した人々の顕彰、という三つの事業であることは、第二部第三章で述べた。そして前章では海外への文化交流活動について述べたが、本章では、顕彰活動、そして継承のための活動についてお話してみたいと思う。

そして、更に次章では、国内に向けて――つまり、日本人自身に向けて――きもの文化を普及する、その活動の歩みと意義についてお話したい。

＊　　＊　　＊

日本の伝統染織文化の伝承と普及に貢献した人を顕彰する。三笠宮妃百合子殿下のご発案により開始したこの表彰活動は、協会設立の翌年から〝民族衣裳文化功労者表彰〟

と名づけて開始された。以来、本年まで、三十三回を数えている。

第一回目の受賞者は、辻が花染めの復興で名高い染色家の久保田一竹氏、そして、服飾史をはじめ日本の風俗史研究の礎を築いた江馬務京都女子大学教授、漫画家の滝田ゆう氏、華道家の安達瞳子氏、作家の立原正秋氏、歌手のあべ静江氏という多彩な人士であった。

第一回目の受賞者のお名前をこうして詳細に記したのは、この方々の顔ぶれを見て頂ければ、我々の協会が、染織作家や職人という作り手の側、そして、服飾史研究家という研究者を表彰すると共に、漫画家、作家、歌手など、社会的影響の大きい仕事に携わりながら一方で深くきものを愛し、日常的に着こなし、折に触れてきものの素晴らしさを社会に語りかけてくださっている、そういった方々を広い意味での「きものの普及者」としてとらえ、表彰していることがお分かり頂けるからである。ここに、民族衣裳文化普及協会の顕彰活動のオリジナリティがあると考えている。

このような二つの方向性は全ての回に貫かれて実施されており、これまでの受賞者は、

第 20 回「民族衣裳文化功労者表彰式」(1999 年 10 月)

第 25 回「民族衣裳文化功労者表彰式」(2005 年 11 月)

前者の「きもの文化の継承」という方向性では、加賀友禅の中町博志氏、草木染め染織家の佐々木苑子氏、友禅染めの羽田登氏、西陣織の北村武資氏、型絵染めの釜我敏子氏などの染織作家の諸氏。また、橋本澄子氏、長崎巌共立女子大学教授、市田ひろみ氏、木村孝氏、丸山伸彦武蔵大学教授、藤井健三氏など、服飾研究家の諸氏を顕彰している。

一方、後者の「きもの文化の普及」という方向性では、岩下志麻さん、吉永小百合さん、高島礼子さんなど、きもの姿がすぐ目に浮かぶきもの愛好家の女優陣がおられる。なかでも吉永小百合さんとは、よくきもの談議、映画談議に時を忘れるほどであったが、或る時、きものについて、映画では少し風が吹くと前身頃が風にそよぎ、きものがひとりで演出してくれたりします、といった言葉が印象的であった。また野村万作さん、市川團十郎さんなど伝統芸能分野の各氏、随筆家であり、旧華族出身のマナー教育者である酒井美意子氏、作家の林真理子氏、きものスタイリストの石田節子氏、谷崎潤一郎夫人であり随筆家の谷崎松子氏などの各氏がおられる。長命で元気なきもの姿を日本中に振りまいてくださった、きんさん・ぎんさん姉妹を表彰したことも忘れがたい思い出となっている。

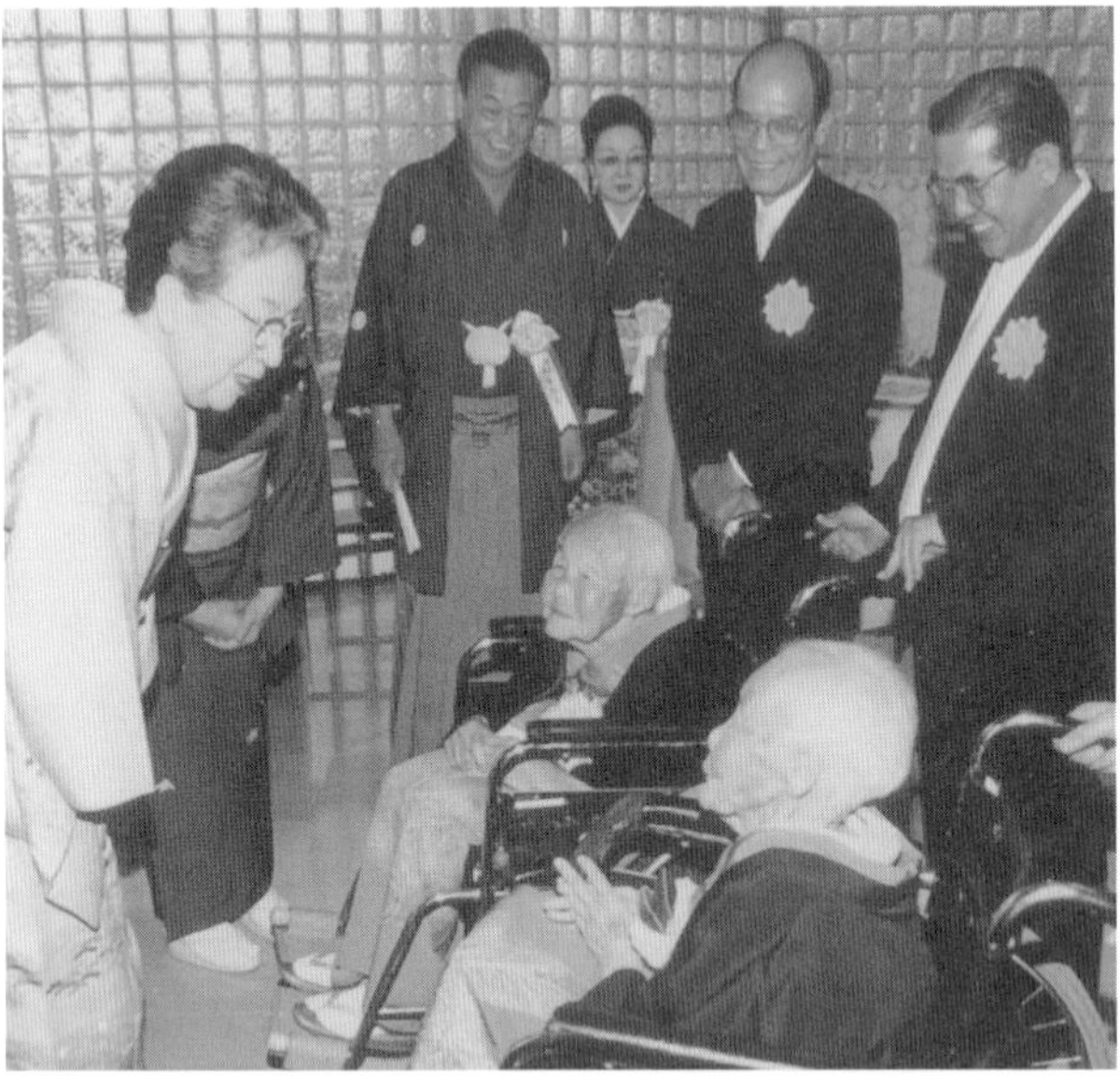

第19回「民族衣裳文化功労者表彰式」にて特別文化賞を授賞されたきんさん、ぎんさんと談笑される三笠宮妃百合子殿下（1998年11月）

＊　＊　＊

ところで、このような民族衣裳文化功労者の受賞者を選定する際に、私が特に留意している一つの思いについて、ここで特に書いておきたい。

右に列挙した受賞者の中で、数々の染織作家の方々のお名前は、おそらくきもの好きの読者の方なら一度は耳にしたことがあると思う。何しろ人間国宝に指定されるなど、綺羅星のような方々であるのだから。

民族衣裳文化普及協会では、このような有名作家の方々ももちろん顕彰するが、それと同時に、その名がこれまで表に出ることは少なかったものの、業界内で高い評価を得ている方。つまり、優れた染織技術力を持つ職人の方々にもスポットを当てるという考え方を重視して来た。

これは、先にも書いたように、三笠宮妃百合子殿下のお考えに基づくものであり、また、私自身の心からの願いでもあったのである。

「民族衣裳文化功労者表彰式」にて吉永小百合さんと

きもの業界に身を置いていると、時に、悲しい便りを耳にすることがある。それは、織りの、染めの、刺繍の優秀な職人さんについての便りである。

「あの久留米絣の〇〇さんが、あの京刺繍職人の△△さんが、ついに廃業してしまった……」

或いは、こんな噂を聞くことすらある。

「東京友禅の□□さんね、食べていけないって、タクシーの運転手さんになっちゃったよ……」

――このような悲しい便りは、つまりは染織の仕事だけではどうしても食べていけないから起こることに違いなく、私はその度に胸がつぶれるような思いがするのだ。

だからこそ、民族衣裳文化普及協会では、一般には無名であるが黙々と素晴らしい作品を作り出す職人の方々を、洩らすことなく顕彰したいと考えている。その方々は人間国宝には選ばれなかったかも知れないが、しかしそれに優るとも劣らない優れた技術を有している。そういう方々に光を当てていきたいのだ。

もちろん、一団体だけで出来ることは限られている。本当は、これらの職人の方々の生活が染織の仕事だけで十分成り立つ——それだけのきもののマーケットを掘り起こすことが出来れば一番良いのだが、もちろんそれは私たち一団体だけで一朝一夕に達成出来ることではない。しかし、これらの方々が「もう廃業してしまおうか」と迷われた時に、「いや、やはり」と踏みとどまる、その力にならなれるかも知れないではないか。

幸いにも我々の協会には、宮様が名誉総裁に就いてくださっている。そのお励ましは受賞者の方々の心を、何よりも強く支える力となっている。これからも、きもの文化の継承と普及に功績ある方々を、広くさまざまな分野から顕彰していきたいと思うのである。

＊　＊　＊

そして、年に一度の顕彰活動と並んで、我々が力を入れているのが、伝統染織技術を受け継ぎ、伝えていくことだ。

そもそも着付けから出発したハクビ京都きもの学院だが、その後は和裁、和紙ちぎり

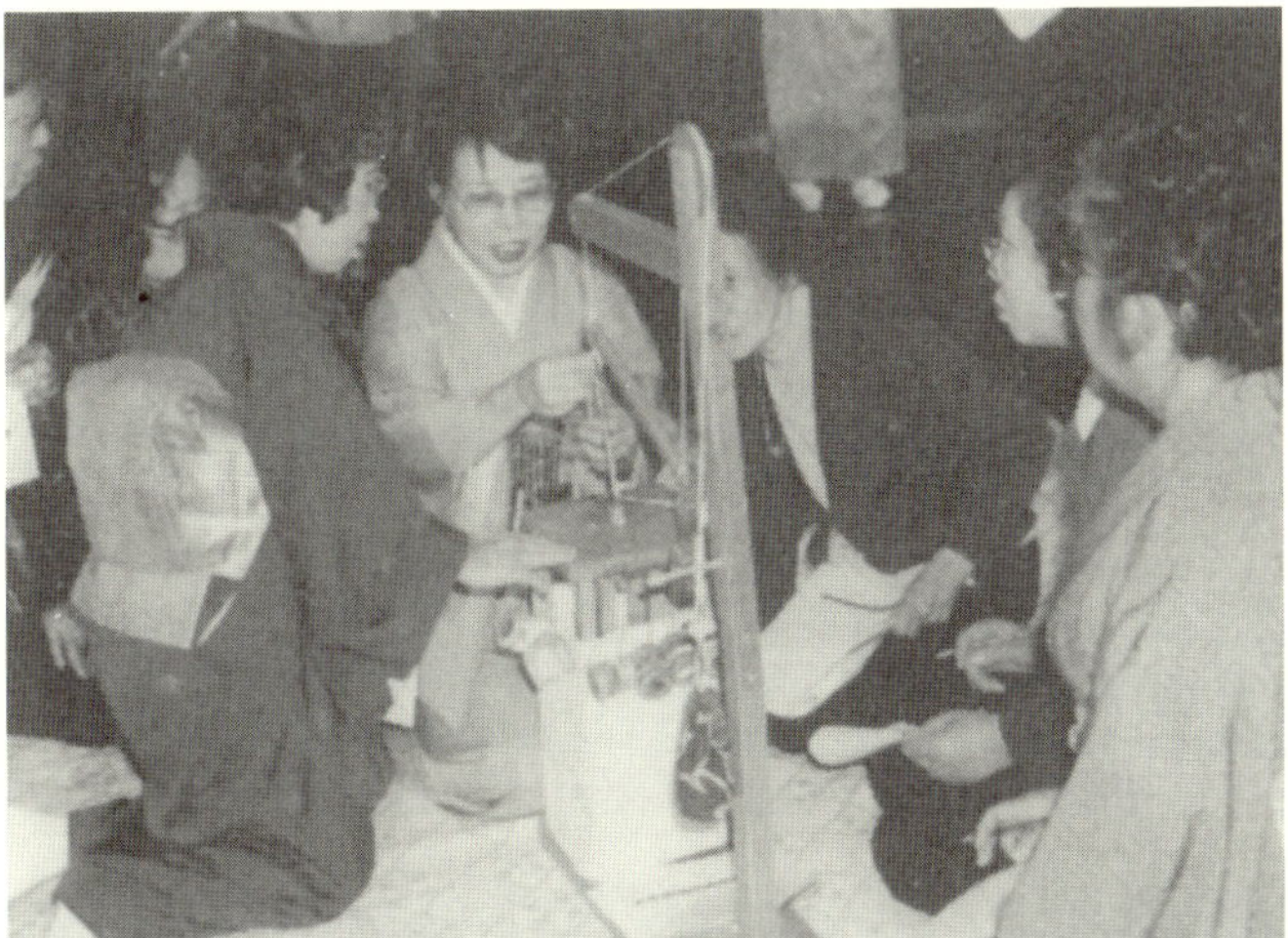

くみひも勉強会（2002年）

絵、組紐、マナー、ウォーキングの姉妹校を設立している。このうち組紐は私の長女・水島由美子が創立したもので、今年で四十年の歴史を持っている。

由美子は、もともとは理系の研究者で、東芝で人工知能の研究をしていたという異色の経歴の持ち主だ。しかし体を壊して研究の道はあきらめることになってしまった。

その時、やはり袋物問屋の血が彼女にも流れているのだろうか、いつしか、これも和装に欠かせない小物の一つである組紐に興味を持った。実は組紐の遺物には現代でもどうやって組んだのか解明出来なかった高度に複雑なものがあり、そこに由美子の昔取った杵柄が活きて来たのである。実に、彼女は、コンピュータープログラムを駆使してその組み法を解析したのだった。

その後は、組紐の老舗中の老舗である上野池ノ端の道明において、解析した組み法で研究を重ねたり、また、道明の方からも資料をご提供頂いたりもしている。由美子が着々と伝統染織文化の継承と発展のために働いてくれていることを、親として誇らしく思っている。

名古屋能楽堂での「女性文化大学」(2011 年・東日本大震災復興支援講座)

また、そもそも民族衣裳文化普及協会設立のきっかけとなった山科流衣紋道の継承については、平井先生より直の教えを頂き、後継者を育成した。

その後、衣紋道のもう一つの流派である高倉流よりも教えを受け、現在、民族衣裳文化普及協会とハクビ京都きもの学院は両者の着装法を知る唯一の機関であり、ハクビ流衣紋道として、十二単、袿、束帯、狩衣など、公家装束の高度な着付け講座を開設している。これまでに七千名がコースを修了し、全国に着実に伝承者が育っている他、伝統文化関係のイベントや美術館などから依頼を受け、全国でその技術を披露しているのである。

なお、大変嬉しく、光栄に思うのは、公家装束の継承に関する民族衣裳文化普及協会の努力とその正統性が、宮家、及び宮内庁からも認められていることである。

今上天皇のご即位の際、一年間にわたって行われた各種の即位儀礼に、各宮家がどのような衣装をお召しになるべきか、実は過去の着装例は各宮家ごとに記録されていて宮内庁には総合的な記録がなかったため、宮内庁より、民族衣裳文化普及協会が各宮家を回って調査し、まとめても良いとの許可を受けた。これを責任者として担当したのは安西千恵子先生であるが、各宮家を回る他に、宮内庁所蔵の衣裳資料も含めて総合的な調

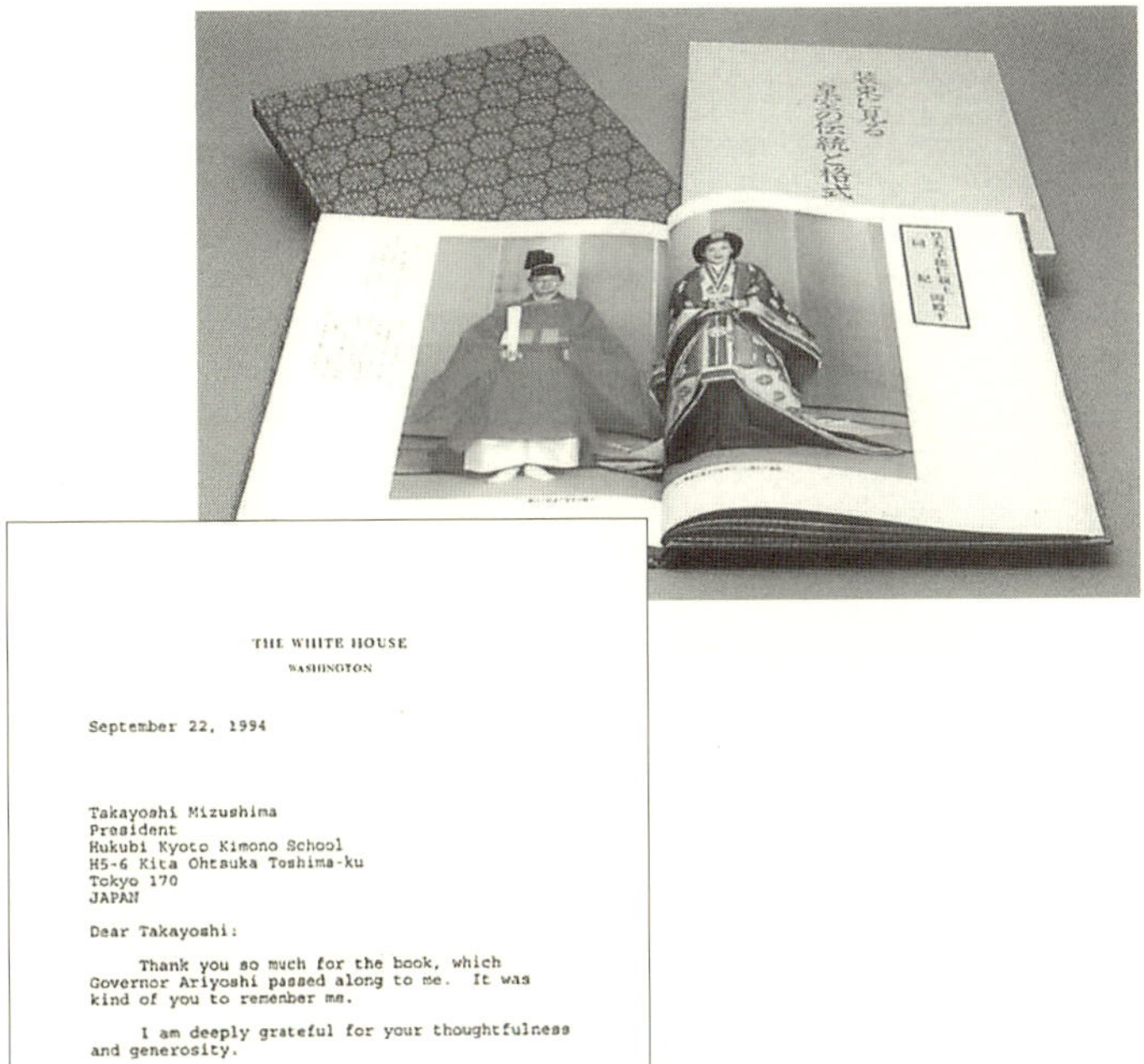

THE WHITE HOUSE
WASHINGTON

September 22, 1994

Takayoshi Mizushima
President
Hukubi Kyoto Kimono School
H5-6 Kita Ohtsuka Toshima-ku
Tokyo 170
JAPAN

Dear Takayoshi:

Thank you so much for the book, which Governor Ariyoshi passed along to me. It was kind of you to remember me.

I am deeply grateful for your thoughtfulness and generosity.

Sincerely,

Bill Clinton

2008年10月ビル・クリントン米国大統領より、著者が贈呈した「装束に見る皇室の伝統と格式」に対して届けられたお礼の手紙

査を行い、その成果は宮内庁の資料として発行されている。

この安西先生こそ、山科流の平井三良先生の直弟子として、友井静枝先生、坂井禮先生と共に教えを受けた一人であり、今や公家装束着装の第一人者となったのである。このような人材を我が協会に育成出来たことは、やはり私の大きな誇りとするところである。そしてこの伝統をまた次の世代に引き継いでいくことを、我々の使命と誓っているのである。

盛岡「志波城まつり」にて

第六章　きものを見直す―日本人の誇りのために―

最後の章でお話したいのは、海外でのきもの文化交流活動やきもの文化功労者の表彰活動などと並んで、民族衣裳文化普及協会が力を入れている活動、「日本人自身にきものの魅力を伝える」という活動である。

この活動は、ふだんからきものを愛し、着付け教授の資格も持っているような謂わば「きもの上級者」の方へ向けたものから、人生の中でほとんどきものを着る機会のなかった「きもの初心者」の方へ向けたものまで、幅広い。

上級者の方に向けての活動は、前章で上げた、十二単の着装法について学ぶ講座のような非常に専門的なものであるが、例えば本年二〇一四（平成二十六）年に九州で開催する講座には二百名以上の申し込みがあるなど、どれも好評を博している。

その一方で、全くの初心者の方にきものの楽しさを知ってもらう活動にも大きく力を入れている。きもの愛好者の裾野を広げることも、協会の大きな使命と考えるからである。

＊　＊　＊

これまできものになじみのなかった方へアプローチする際に、窓口はやはり浴衣が良いと、民族衣裳文化普及協会では考えている。浴衣は値段も手ごろで襦袢を着る必要もなく、家庭の洗濯機で洗うことも出来る。まずは浴衣からきものに親しんでもらう、ということを早くから実行して来た。

第一に、浴衣をたためるようになってほしい。そしてたためるようになったら、自分で着られるようになってほしい。自分で着られるようになったら今度は、周りの人に着付けてあげてほしい。浴衣にまつわるこの一連の過程を十二回で学ぶ講座を開設し、現在まで二十年間、のべ二十万人の受講生を送り出して来た。

そしてもう一つ、浴衣に関して取り組んでいるのが、プロ野球各球団と連携した〝浴衣デー〟イベントだ。これまでに、中日ドラゴンズ、福岡ダイエーホークス、千葉ロッテマリーンズ、東北楽天イーグルスとコラボレーションを組んでいる。

例えば、楽天が初の日本一を達成した昨年、二〇一三（平成二十五）年のケースでは、まず、球団が事前に〝楽天オリジナル浴衣〟を作り、販売した。お客様はその浴衣を、自分で着られなくても全く心配はない。民族衣裳文化普及協会とハクビ京都きもの学院の先生が浴衣デー当日、球場の一室に詰め、希望者の方全員に着付けをして差し上げるからだ。子どもから大人まで、その数は三百人以上にのぼった。

もちろん、楽天浴衣ではなく、普通の浴衣で来て頂いてもいい。だが、優勝で盛り上がりに盛り上がった昨シーズン末には、楽天浴衣はオークションでプレミアがついていたとも聞く。最初から最後まで、大成功のプロジェクトとなった。

この楽天とのコラボレーションに限らず、浴衣での観戦イベントは、各球団、四万人、五万人収容のスタジアムが浴衣で埋め尽くされ、何とも言えず華やかな、夏のお祭りの気分をただよわせている。来る人も楽しいし、球団にとっても、これまで球場に足を運

2011年、中日ドラゴンズ・ナゴヤドーム夏祭り「浴衣デー」

2011年「楽天イーグルス応援・浴衣ナイター」

ばなかった層に野球をアピール出来る、絶好のチャンスになる。我々ももちろん、プロ野球という人気スポーツの翼を借りる形で、浴衣、ひいてはきものの楽しさを知ってもらうまたとない機会だととらえている。だからこそ、これまで無償の協力を惜しまなかったのである。そして、

「浴衣って、案外簡単に着られるんですね」

「実際に着てみると楽しい！」

そんな声が上がるのを聞くと、やはり、まずは触れてもらう機会を作ることが重要だと実感するのである。きもの、と言うと、茶会や歌舞伎鑑賞、或いは料亭での食事会にからめるなど、和文化とセットにした普及方法を考えることが一般的だ。しかし、和とは全く関係のない世界に飛び込む、というやり方も、今後は多く試みていかなければならないだろう。

コラムⅧ
始球式

プロ野球各球団とのコラボレーション・イベント〝浴衣デー〟では、これまでに何度か始球式のピッチャーを務めた。四万人、五万人のお客様が見守る中、キャッチャーミットまで一八・四四メートルの距離を投球するのは、やはりなかなかに緊張するものである。

私はきものの財団法人代表としてマウンドに立つのだから、服装はもちろん、羽織袴を選択する。浴衣デーできものに関心が向いている皆さんに、きものについて更なる良い印象を届けたいと、否が応にも闘志が湧いて来るのだった。

いったい、私はスポーツは得意な方で、ボールがしっかり一八・四四メートルを届くかという点については、心配していなかった。実際、二〇一一（平成二十三）年の中日ドラゴンズ浴衣デーの際には自分でも会心の一球がミ

ナゴヤドーム「浴衣デー」始球式

ットに収まり、セ・リーグを代表する名捕手・谷繁選手から、

「いい球を投げましたね」

とお墨つきを頂いたのである。私はすかさず、

「いや、私は本当は左利きなんですけれどね。あまりいい球を投げるとスカウトが来て大変だから、今日は右手にしておきましたよ」

と答え、満員の球場の中、見事に敵打者を打ち取ったバッテリーのように、二人楽しく笑ったのである。

＊　＊　＊

また一方で、きもの文化に触れてもらう機会を増やすためには、学校教育の場できものについて学ぶことが必須なのではないだろうか。

早くから私はそのように考え、ことあるごとに「教科書にきものの記述を！」と主張して来た。政治家や官僚の方々とお話する機会があれば、折に触れてこの話題を持ち出す。そんな中で、もちろん、私だけの力によるものではないのは自明のことだが、だん

ナゴヤドーム「浴衣デー」〈絆を結ぶ、がんばろう日本の帯〉

だんと文部科学省や有識者の間に、「義務教育の場で、もっと日本の伝統文化を伝え残していかなければならない」という思潮が高まったのは嬉しいことである。

その結果、現在、中学家庭科の学習指導要領できものについて教えることが明確に奨励され、それを受けて、三社の教科書がかなり詳しくきもの文化を紹介するようになった。状況は確実に好転しているのだ。

「学校教育の場できものを」というこの課題については、民族衣裳文化普及協会として更に具体的なアクションも起こしている。会員が各市町村の教育委員会や私立学校へ出向き、「きものの授業を無償で行います」と売り込みをかけているのだ。

この反響は大きく、私立の名門校から専門学校、公立の小中学校まで、きものの歴史や着付けについて教えるきもの教室を全国各地で開催している。

時には、一つの市や区の家庭科の先生方全員が集合した場で、先生方自身に着付けをお教えすることもあるし、その後、今度は先生が授業で浴衣の着付けを教えられる際に、助手としてお手伝いを要請され、教室に一緒に入って授業協力をすることもある。これ

「母が着せるきもの文化講座」より

までに数え切れないほどの回数、全国の学校や教育委員会できもの教室を開催して来た。

嬉しいのは、学校の先生方から、こんな反応を聞く時だ。

「とても不思議なんですけど、着付けの授業をしている期間は、子どもたちの間でいじめが少なくなるんです。これは一体どうしてなんでしょうね」

こうした反応は、当然のことながら我々が意図して作り出したものではなく、現場から自然に上がって来た声だからこそ嬉しく思う。そして私なりに、やんちゃ盛りの子どもたちの間に何故そんな反応が起こるのだろうということを、考えてみるきっかけにもなった。

＊　＊　＊

思うに、きものを着る際に必ずするしぐさ——紐を結ぶことと、衿を合わせること。これらのしぐさが心に及ぼす影響は案外大きいのではないだろうか。

仏教には、「依正不二」という教えがある。

「依」という文字を分解してみると、人偏に衣服の衣と書く。これは、衣服を着てい

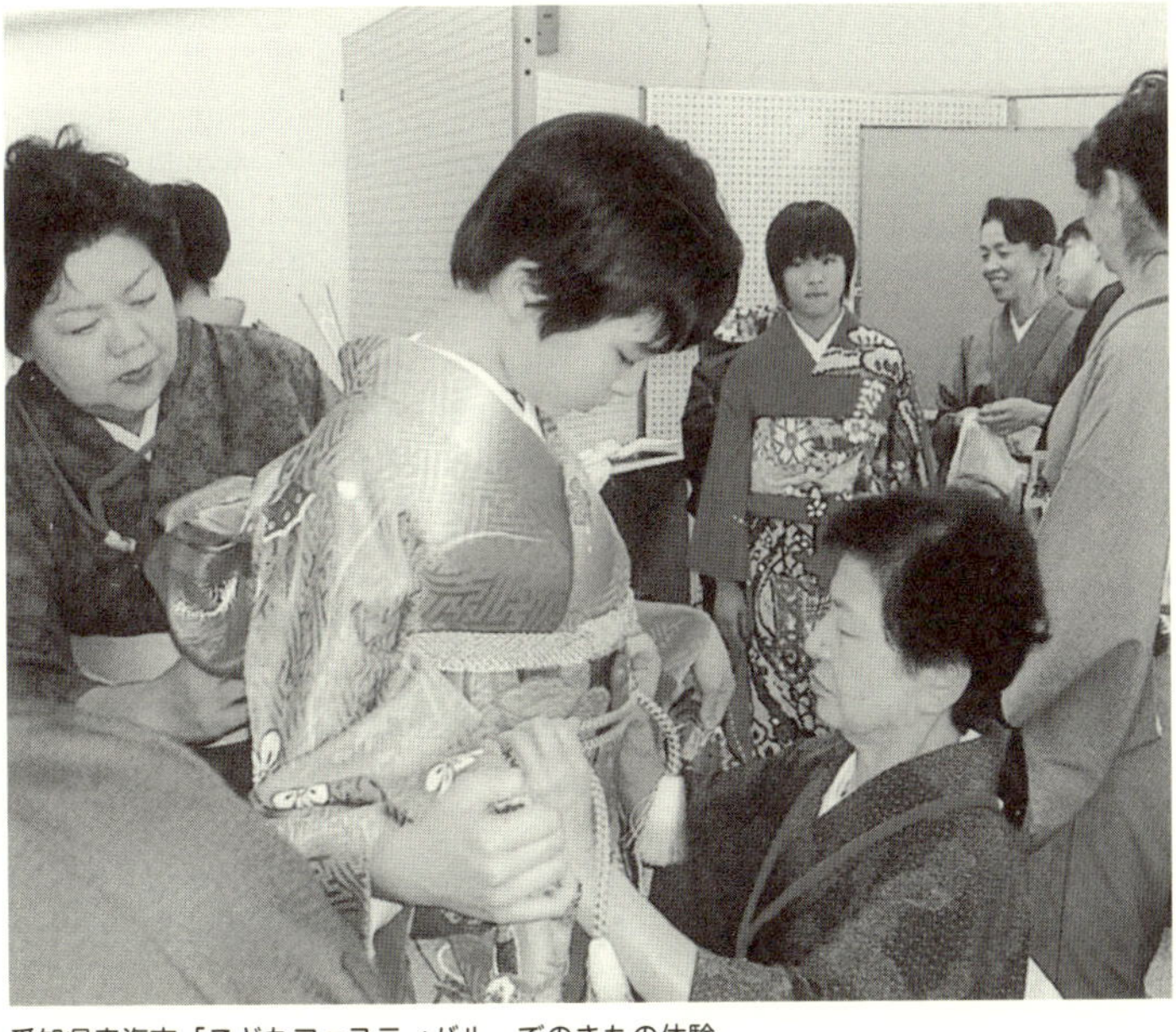

愛知県東海市「こどもフェスティバル」でのきもの体験

る人間の状態、つまりは、人が自分を取り巻く環境の中にいること、「依」というこの字はその状態そのものを表している。一方、「正」とは、その人の本性、本質を指す。環境と、本質。この二つの事柄は決してばらばらに存在しているのではなく、相互に影響し合う。そのことを「依正不二」の教えは説いており、それは、環境が我々の本質に働きかけることもあるし、我々が環境の側に働きかけることでもある。このように考えた時、結ぶことと合わせることというしぐさは、では、我々の心にどのような影響を及ぼすのか。その答えを、この小学校の先生の言葉は教えてくれているのではないだろうか。

私は、日本人とは、根本的には「和」を愛する民族だと思う。その本質が、いかなる被服方法でも選べたにも関わらず二千年以上も、「結び、合わせて」まとう、きものの形を選び続けたとは考えられないだろうか。また、そうやって日々「結び、合わせる」ことで、和を重んじる我々の本質がより深められたとも言えるのではないかと思うのだ。日本人学の提唱者であり、日本心理センター所長も歴任された南博一橋大学名誉教授と、同センターの理事長を務めた私は大変親しくさせて頂いていたが、南先生は、日本人のDNAの中に、日本人としての基本的な精神が埋め込まれているのではないかということを説いておられた。私もこれに全面的に賛成する者なのである。

では、日本人の根幹をなす精神とは一体何か？　それは、「和」を重んじる精神であると、私は確信している。そしてその精神が形となって「和文化」に現れているとも思うのである。

更にこういうことが言える。形となって現れた「和文化」の全て――しぐさ、工芸品、食事、建築物――これら和の精神を含んだ生活の全てに取り囲まれて暮らす中で、その我々の和の精神は更に磨き上げられる、と。

正に「依正不二」の教えそのものであり、特に衣服は体につけるものなのだから、本質に及ぼす影響も最も大きいと言えるのではないか。そのように考える時、冒頭で述べた小学校の先生の素朴な疑問の答えも、自ずから見えて来る気がするのである。

もちろん、日本人の歴史の中には、戦いの局面もあった。しかしその際には逆に、平常のきものとは全く異なる甲冑——布幅に余裕のあるきものとは違い、個々人の寸法にぴったりと合った隙のない鎧兜——をいかめしく身につけることで、人は戦いの精神を高めていたのである。やはり、「依正不二」の教えは本質を突いているのではないだろうか。きものとは、日本人の和の精神そのものであり、きものを着ることで和の精神もまた高まると思えるのである。

＊　＊　＊

一方、布として形になったきものの姿だけを無心に眺める時、私にはそこに、きものが持つもう一つの本質が見えて来るような気がしてならない。それは、「日本文化の凝縮としてのきもの」、という本質である。

私は、きものには、日本人を取り巻いて来た全てのことが、そう、「依正不二」の「依」の全てが凝縮されているのではないかと思っている。何故なら、まず何より私たちの祖先は、日本列島の北から南に至るそれぞれの地域で、その土地々々に適した植物や蚕から糸を取り、染料の色を抽出して来た。だからきものの布と色とは、まず、日本列島の大地そのものなのである。

そして、その織り方や染め方の技法は、はじめは大陸や南方の島から伝わって来たものだったかも知れないが、それらを手本にして徐々に改良を加えながら、日本独自の精緻なものへと発展させて来た。日本の織りと染めの技術は、だから、和の精神と並ぶ日本人の特質、繊細で精緻な精神そのものの発露なのである。


一方、きものの文様や色使いに目を向けてみれば、例えば〝うろこ文様〟や〝麻の葉文様〟には動植物からその生命力を借り、健やかに日々を送りたいという祈りが込められているし、平安時代の襲の色目でどのような風景が表現されているかを知れば、当時の日本人が自らを取り巻く自然にどれほど細かく目を配って来たかが分かることは、先に述べた通りだ。

また、文様の中にも、例えば正倉院紋様や古渡り縞のように海外から伝わって来たものが数多く存在し、それぞれの来歴を知れば、日本史の各時代に我々の祖先が、世界の国々とどのように関わって来たか、その道標を得ることにもなる。

更に、例えば出雲の雲州木綿や山形の紅花紬のように、現在各地に残る名産織物は江戸時代に端を発するものが多く、これは、藩の財政を安定させるための謂わば「国策」として、大名の肝煎りで開発された産業であることがほとんどだ。その成立の経緯を知れば、江戸時代という比較的現代に近い時代に、祖先たちが何に苦労し、何を乗り越えたのかを知ることも出来る。

正に、きものには、日本人の暮らしと美意識、そしてそれぞれの時代の願いが凝縮されて現れているのである。

そして、このように思い至る時、きもの、この稀有な衣文化を決して絶やしてはならないという思いが新たにふつふつと湧き上がって来る。それは単に風雨から体を守るだけのものではない。私たち日本人がこの土地の上に生き、伝え続けて来たもの。日本人の和の精神と暮らしの全てを、身の上にまとうものなのである。

コラムⅨ

私の好きなきもの

「水島会長はどんなきものがお好きなんですか？」

と、よく人に訊ねられる。きものを仕事にしている人間が自分ではどんなきものを好むものなのか、興味を持たれるのであろう。

私のきものの好みは、いたってシンプルである。好きな色は、紺。時に鼠色も選ぶがほぼ紺一辺倒で、ほとんどの場合、全体を同じ紺系統でまとめる、同系色の取り合わせを好んでいる。

いったい、いつも同じようなスタイルでよく飽きませんね、とか、或いは、面白みがないなどと言われてしまいそうなのだが、気に入らないものを着ているとどうにも臍のあたりが落ち着かなくなるのだから、仕方がない。

そう、着るものに関しては、私は頑固で、保守的だ。そして何故こうも紺を好むのかは自分でも理由が知れない――が、しかし、江戸時代の後半、人々が好んだ色は何と言っても藍色だったのだから、日本橋っ子の私の血の中にその記憶が生きているのかも知れない、と、そんなことを思うのである。

終章

二〇二〇年、東京で、オリンピックの幕が上がる時、日本は世界にどのようなメッセージを伝えられるだろうか？ その時私たち一人一人は笑顔で世界を迎えられるだろうか？

人と調和し、自然と調和する、日本人の、和の精神。

私が邁進して来たハクビ京都きもの学院と民族衣裳文化普及協会の活動の全ては、結局そこへ帰結していくように思う。

思えば、常に、偶然の出会いに活かされて来た人生だった。社会人生活の第一歩を保険会社でスタートした私は、そのまま保険のエキパートになることが順当であったのに、思いがけない辞令で人材育成の分野へと歩を移すことになった。そしてそこで実らせた成果が美容業界での仕事につながり、やがてブライダルドレスへと範囲を広げ、最終的にきものへとつながっていったのであった。

その全ての転換は計画的に意図したものではなく、常に――それが人との出会いであっても事業との出会いであっても――まるでヒッチハイクのように偶然の出会いを受け入れたものだった。受け入れた場所で一心に努力したことで、ハクビ京都きもの学院と民族衣裳文化普及協会という大輪の花を咲かせることが出来たのである。

こうして周囲との縁を受け入れる心は、人生の流れに逆らわず和していく心、つまりは典型的な日本人らしい和の精神を、自分なりに実践したものだったのではないかと今では考えている。

そして、それぞれの場所で出会った全ての人々を、無理やりに自分の方へと説き伏せようとしたのではなく、第一部で再三記したように、まずは相手の思いに寄り添い、その思いを出来る限りのびのびと発揮してもらえるように、自らが努力し続けた。これこそが私の人生の歩みであったと思う。

アメリカ・マサチューセッツ工科大学で、今では人材育成プログラムとして研究されているこの私の対人哲学も、よくよくその淵源を探れば、人や自然との調和を重視する日本人の和の精神に源流があるように思う。私はここでも、自分の人生が和の精神によって導かれていたことを知るのである。

そして、私が人生のほぼ半分の時間をかけて取り組んで来た、着付けやきもの文化の普及活動では、きものこそ正に和の精神をそのまま凝縮して体現したものであることを知った。更にそれを海外へと伝える活動は、実は相手の文化を理解しなければ成功し得ないものであり、その心ばえによって相手にこちらの文化も受け入れられる。そして、その最終成果として、互いを尊敬し合う争いのない世界――「和」、ここでは世界平和への道筋作りに、いくらかは貢献することが出来たと思うのである。

東京日本橋で、きものに囲まれた家に生まれ、後にその暮らしを戦争によって粉々に打ち砕かれた私は、しかし、こうして長じた後、何かの偶然に導かれるように、やはり、きものを守り、継承し、外の世界へも伝える仕事に従事するようになった。その根底には、少年期の個人的な体験に基づいた、平和、和への思いがあり、それと同時にきもの自身に、和を愛する日本民族の心が反映されていたのである。

きもの――この、和のシンボルである衣服を、決して絶やすことがあってはならないと思う。この衣服がある限り日本人は和の心に戻ることが出来るのであり、それがこの国を、結局はおだやかな発展へと導くと確信している。これからも私の残された人生を、日本人に、そして世界の人々に、きものの精神を伝え続けることに捧げ続けたいと思う。

あとがきに代えて

七十八歳——

一瞬のようでもあり、長いジグザグの道のりでもあった私の人生の歩みを綴った本書の最後に、ハクビ総合学院の将来について、少し触れておきたいと思う。

実は、十四年前、私は、或る人にハクビ総合学院の未来を託した。その年、私は長年抱えていた持病を悪化させ、命の危機を感じながら日々を送っていた。本書の主題とはかけ離れた話題になるためここまで触れて来なかったが、実は私は生まれつき心臓につながる動脈の一本が極端に細く、そのせいで、折々の生活にハンディキャップを感じることがあった。例えば長距離走を走ることが、苦手であった。

六十四歳の時、若い頃から仕事に打ち込むあまり、睡眠時間を大幅に短縮していたことや、家族を挙げての学院経営だったため、家庭と職場が地続きになり、心の休まる場所がなかったことも遠因になったのだろうか、長年の疲労の蓄積が体の最も弱い部分を狙い撃って現れ、遂に、心臓のバイパス手術を受けなければ、命の保証はないというところまで行き着いてしまったのだった。

そんな生命の危機に直面したその年、病に苦しみながら、私は、自分にとってのもう一つの命と言える存在、ハクビ総合学院の将来について真剣に思いをめぐらすことになった。実はそれはもう既に何年間も考え続けて来た未来への設計図であったのだが、命の危機に直面した時に初めて、実際の決断を伴うものとなったのである。

長時間にわたるバイパス手術を乗り越え、静かに体力の回復を待つ日々。或る午後、遂に、私が待っていた人が病室に現れた。大きな花束を抱え、見舞いに訪れたその人。私たちは、その日、長い、長い話をした。そして、手渡された未来設計図。受け取ったその人の名を、近藤太香巳氏、と言う。

＊　＊　＊

株式会社ネクシィーズ代表取締役会長、近藤太香巳氏。

近藤太香巳 株式会社ハクビ代表取締役会長と著者

一九八〇年代後半より、固定電話、携帯電話、衛星放送、インターネット接続サービスと、常に時代の先を読んだ事業経営で二〇〇〇年代の今日まで、生き馬の目を抜く実業界を駆け抜けて来た風雲児である。

その近藤氏は現在、ネクシィーズを事業持ち株会社に改編し、自社事業にとどまらず他業界の有望企業を支援し、継続発展させる事業に取り組んでいる。その目指すところは究極的には、日本産業界全体の発展であるだろう。

一般社団法人パッションリーダーズを三年前に立ち上げると、アッと言う間に一六〇〇名を超える若手経営者の参加を得て会員数、活動数ともに日本一の組織となり、その活動は全国に大きく広がりを見せている。

まさしく天才と努力の人である。

企業家同士の交流の中で彼と知り合った私は、その経営ビジョンに早くから刮目させられていた。私が知り合った当時はまだ現在に至る道のりの途上にあったわけだが、一企業としての利益追求を越えた大きな志と、当時、ＩＴという最先端分野にありながら伝統文化にも関心を寄せる姿勢に、次代を託すのは彼をおいて他にいないのではないかという思いが募って行ったのである。

病院に私の見舞いに来てくれたその時、近藤太香巳氏は初の上場を控え、多忙と心身の緊張は頂点に達している時期に違いなかった。しかし、病に伏した私の、字義通り命を託した語りかけに、真剣な検討を約束してくれたのである。

それから十年余——

二〇〇九年、ハクビ総合学院は、ネクシィーズ・グループに温かく迎え入れられた。

今や念願の一部上場も果たし、IT、電子雑誌出版、LED事業など、多分野を横断する企業グループの一員となったのである。

きもの、その伝統は、必ず世代から世代へと伝え渡されなければならない。

しかし、その伝承の方法自体は、時代に即して変化しなければならないことを、死を意識した日々の中で私は考え続けていた。そのための視野と実行手腕を備えた近藤太香巳氏という人物を得て、今、私は、講師の皆様と共に学院と、そしてきものの未来そのものに、大きな希望を抱いているのである。

＊　＊　＊

ところで、近藤太香巳氏は、安倍晋三首相とも親しく交際し、アベノミクスの良き理解者でもある。

首相率いる現内閣が東京オリンピック開催決定を受けて開いた閣議で出した決定は、東北大震災復旧に全力で努めること。安心安全な大会運営に向けて、治安と交通網の整備に更なる尽力をすること。そして、日本文化を発信する絶好の機会であるこの時の利を、最大限に生かすことであった。

また一方、本書の冒頭でも書いた通り、安倍内閣は発足当初から、「女性たちがその能力を存分に発揮出来るよう社会の環境を整える」ことを、内閣の最大の目標の一つに掲げている。

私が多年願い、実現に奔走して来たこと、この書のテーマでもあった二つの目標——きものをはじめとする和文化の伝承と、女性の力の活用——が、新時代を歩み始めたハクビ総合学院においてもまた人材と時の主潮を得て、確実に継承され、発展していくことを、今、私は確信しているのである。

〈著者略歴〉

水島 恭愛（みずしま・たかよし）

1936年（昭和11年）2月　東京・日本橋に生まれる
1958年（昭和33年）3月　明治学院大学経済学部を卒業
同年　4月　東邦生命保険相互会社に入社
1962年（昭和37年）4月　白美産業株式会社社長に就任
1969年（昭和44年）8月　ハクビ京都きもの学院を設立、理事長に就任
1975年（昭和50年）4月　京都きものコンサルタント協会副会長に就任
1977年（昭和52年）9月　財団法人民族衣裳文化普及協会を設立、会長に就任
1979年（昭和54年）1月　社団法人世界友の会会長に就任
1990年（平成2年）8月　マルタ共和国名誉領事に就任
1992年（平成4年）4月　京都きものコンサルタント協会会長に就任
現在　ハクビ総合学院理事長
一般財団法人民族衣裳文化普及協会会長
社団法人世界友の会会長

〈編集協力／西本摩耶〉

平成26年6月10日 初版発行　《検印省略》

美《うつく》しく、明《あか》るく、強《つよ》くなる、女性《じょせい》のために舵《かじ》をとれ
―2020年《ねん》のオリンピックをめざし―

著者　水島恭愛

発行者　宮田哲男

発行所　株式会社　雄山閣

〒102-0071　東京都千代田区富士見2-6-9
TEL 03-3262-3231　FAX 03-3262-6938
振替 00130-5-1685
http://www.yuzankaku.co.jp

印刷・製本　株式会社 ティーケー出版印刷

ISBN978-4-639-02318-0　C0095

240p 20cm